ORACIONES DE ROMPIMIENTO,

Decretos y

Confesiones

Venner J. Alston

© 2019 por Venner J. Alston

© 2023 por Venner J. Alston (español)

Publicado por VJ Alston International Ministries
10936 North Port Washington Road, Suite 226
Mequon, Wisconsin 53092

www.drvjalston.org

Impreso en los Estados Unidos de América

Todos los derechos están reservados. Ninguna parte de esta publicación puede ser reproducida, almacenada en un sistema de recuperación o transmitida de manera alguna ni por ningún medio electrónico, mecánico, fotocopia, grabación u otro sin el permiso previo escrito del editor. La única excepción son las citas breves en reseñas impresas.

ISBN   978-0-9908585-3-9

A menos que se indique lo contrario, las citas bíblicas de esta publicación en español son de la Nueva Traducción Viviente (NTV)

Las citas bíblicas marcadas como RVR-2015, son de Reina Valera Revisada © 2015.

Directora de Diseño: Venner J. Alston
Diseño de Cobertura: David Guillen Velasco & Emmanuel Rodriguez (Español)
Diseño Interior: Mónica Barros Gomes Silva

Traducción, edición, diseño y arreglos al español: Rodriguez & Jones Translation Services *RJTransservices@gmail.com* */ Seneco / David Quiroz Desings*

ORACIONES DE ROMPIMIENTO, DECRETOS Y CONFESIONES

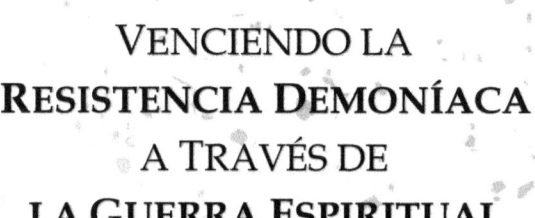

VENCIENDO LA
RESISTENCIA DEMONÍACA
A TRAVÉS DE
LA GUERRA ESPIRITUAL

ÍNDICE

INTRODUCCIÓN i

PARTE I COMPROMETIDOS CON EL OBJETIVO

1. ORANDO LA SANGRE DE JESÚS 2

2. EMPODERADOS POR LA SANGRE 5

3. PROTEGIDOS POR LA SANGRE 8

4. SUPERANDO LAS ASIGNACIONES DE DEMORA 10

5. CORTANDO LOS ATAQUES Y LIBERANDO LAS BENDICIONES 14

6. REPRENDIENDO LAS CONFEDERACIONES DEMONÍACAS 19

7. DERROTANDO LAS ATADURAS DE MALDAD .. 22

8. VENCIENDO LOS ESPÍRITUS MARINOS 25

9. ORACIONES POR TERRITORIOS Y NACIONES ... 28

10. LIBERANDO EL DESTINO PERSONAL 31

11. VENCIENDO A BELCEBÚ 36

12. DESATANDO LA VOZ DEL SEÑOR 40

14. ORACIONES PIDIENDO REVELACIÓN 46

15. DOMINIO Y VICTORIA 48

16. INCREMENTANDO LA PRODUCTIVIDAD 52

17. DESATANDO EL JUICIO Y LA VINDICACIÓN DEL SEÑOR 56

PARTE II COMPROMISO DE AVANCE

18. ENTENDIENDO LAS VIGILIAS DE ORACIÓN...61
    - División de las Vigilias de la Noche..............62
19. PRIMERA VIGILIA DE LA NOCHE...... 63
20. SEGUNDA VIGILIA DE LA NOCHE 69
21. TERCERA VIGILIA DE LA NOCHE 80
22. CUARTA VIGILIA DE LA NOCHE 94
23. PRIMERA VIGILIA DEL DÍA 106
24. SEGUNDA VIGILIA DEL DÍA............................... 115
25. TERCERA VIGILIA DEL DÍA................................ 123
26. CUARTA VIGILIA DEL DÍA 129

INTRODUCCIÓN

Iba de camino al servicio de mi iglesia, cuando sonó el teléfono. Era una amiga cuya hija había sufrido varias veces complicaciones graves durante sus embarazos, teniendo como resultado la pérdida de sus hijos. Su embarazo actual iba bien, hasta dos días antes de la fecha prevista para el parto. Cuando se despertó, se dio cuenta de que su bebé no se movía y no podía encontrar los latidos del corazón. Ella se lo dijo a su madre, la cual le aconsejó que fuera a la sala de emergencias. Ahí fue cuando recibí de mi amiga una petición de oración por su hija. Cuando llegué a la iglesia, compartí la situación con la congregación y entramos en una oración corporativa.

Esta no era una oración como de costumbre. La vida de un bebé estaba en juego y no podíamos orar en nuestra manera normal devocional. Necesitábamos bombardear los cielos con fuerza y militancia. Yo entendía la magnitud del poder que podríamos liberar en el entorno corporativo a medida que entrábamos en un acuerdo. *"Perseguiréis a vuestros enemigos, que caerán a espada delante de vosotros. Cinco de vosotros perseguirán a cien y cien de vosotros perseguirán a diez mil, y vuestros enemigos caerán a filo de espada delante de vosotros"* (RVR-1995 Levítico 26:7-8). Entramos en acuerdo con los padres y el Señor de que el bebé viviría y no moriría. Comenzamos a desatar en la tierra lo que ya había sido desatado en el cielo. Sabía que era la voluntad del Señor que el niño viviera; y, que la asignación de muerte habría de ser derrotada en oración.

Ordenamos a los espíritus de muerte y destrucción que se fueran y llamé al bebé al reino terrenal. Me sentí como una general en el servicio militar, movilizando las tropas y rodeando al enemigo. Nuestras palabras se embistieron contra el reino espiritual como un ariete. Asediamos la asignación de muerte que estaba intentando robarle la vida al bebé. Mientras orábamos, nos enfocamos en el Espíritu: una voz, un pueblo, con el propósito de reprender la muerte y ordenar la vida.

Estábamos decididos a no dejar de orar hasta completar nuestra asignación. De repente, escuché al Señor decirme que le dijera al bebé que llorara. Al decretar, "¡Llora, bebé, llora!", sentí que la paz de Dios entró en la habitación. Sabía que todo saldría bien y que el bebé nacería sano. Una hora después, recibí un mensaje de texto que decía que los médicos habían encontrado los latidos del corazón y se estaban preparando para el parto. Después del parto, la abuela informó que no solo la niña había nació con un peso saludable, sino que había nacido llorando y lloró durante diez minutos.

Así es como batallamos en oración. A medida que el Señor nos dirige en oración, declaramos Sus palabras a la atmósfera. Entonces, cada asignación demoníaca que esté operando debe romperse. La oración de guerra espiritual es fuerte y militante. La fuerza de la guerra espiritual es en fe, no en volumen. He visto a algunos creyentes enfocarse en gritar, chillar, apretar los puños y sacudirlos en la atmósfera. El emocionalismo no es guerra espiritual. El enemigo no se humillará porque grites y sacudas el puño. El enemigo se inclinará ante tu fe y tu resolución de no ceder hasta que la promesa de Dios se manifieste. El enemigo se inclinará ante tu autoridad de Reino, la cual se expresa al declarar la Palabra del Señor revelada en las Escrituras. Jesús usó la Palabra de Dios para derrotar al enemigo. Aquellos que deseen tener éxito en la guerra espiritual deberán aprender a luchar con fe usando la Palabra de Dios.

El libro que sostienes en tus manos contiene oraciones lo suficientemente poderosas como para derribar las defensas del infierno. Este libro es un complemento del libro en inglés *"Next-Level Spiritual Warfare: Advanced Strategies for*

Defeating the Enemy" (Próximo Nivel de Guerra Espiritual: Estrategias de Avance para Derrotar al Enemigo), y está destinado a animar a aquellos que anhelan orar más efectivamente. La guerra espiritual es una parte integral e inevitable de la vida de cada cristiano. A medida que aumenta tu sabiduría bíblica y tu comprensión, también lo hará tu capacidad para orar con eficacia y vencer el poder de las tinieblas.

Incluso cuando nos estamos acercando al próximo gran avivamiento, Dios está posicionando a la Iglesia para librar una guerra efectiva y vencer contra los poderes de las tinieblas. Cuanta más revelación obtengamos acerca de nuestras armas de guerra y de cómo operan esos poderes contra nosotros, más rechazaremos eficazmente la oscuridad asentada en las puertas de nuestras ciudades y naciones. De esta manera, reemplazaremos las tinieblas por la justicia.

Si no estás familiarizado con este tipo de guerra, es posible que te preguntes cómo utilizar las oraciones de este libro. En la parte 1, las oraciones, decretos y confesiones están organizados por temas; puedes verlos como un enfrentamiento dirigido contra el enemigo. La Parte 2, contiene oraciones que puedes usar en ciertos períodos del día, llamadas "vigilias" en las escrituras. Aquí hay algunos pasos simples que te ayudarán a luchar eficazmente en tiempos de oración usando las oraciones de este libro:

01. Comienza leyendo el libro en inglés: *"Next-Level Spiritual Warfare: Advanced Strategies for Defeating the Enemy"*. El comprender los principios expuestos en ese libro te ayudará a batallar de manera más eficaz.

02. Busca en este libro las oraciones que aborden tu situación de manera más efectiva y consúltalas regularmente.

Ora en voz alta. Las palabras tienen creatividad entretejida en ellas. Cada vez que oras o haces una declaración o un decreto profético, estás liberando el poder de la Palabra de Dios en la atmósfera. Recuerda, Jesús dijo: *"Si tienes fe, puedes decirle a este monte: "Muévete y échate al mar"* (ver Mateo 17:20 y Marcos 11:23).

03. Sé consistente. Dedica tiempo cada día para orar, desatar confesiones y decretos proféticos.

04. Podemos orar en cualquier momento; sin embargo, cuando oramos en las vigilias, es como soltar una flecha que encuentra su objetivo a una hora específica del día, y es eficaz. Las vigilias de oración son efectivas, ya sea que estés en vigilia en casa o durante una reunión colectiva.

05. Ora con fe, confiando que Dios responderá.

Permíteme compartir otro testimonio. Recibí una petición de oración de una familia cuya hija había estado desaparecida durante meses. Prometí a los padres que oraría. Confiaba en que si estaba viva alguien la vería, y si no, se encontrarían sus restos. Movilicé un equipo de intercesores y comenzamos a ordenar que todos los poderes ocultos que la estaban cubriendo fueran eliminados. La llamamos por su nombre y ordenamos que saliera a la vista desde el lugar oculto donde estaba. Diariamente ordenábamos que ella se revelara en la tierra. Decretamos que ella no permanecería invisible. Ordenamos a las nubes demoníacas que la estaban cubriendo que se disiparan. Nos asociamos con el cielo, pidiéndole a las huestes angelicales que quitaran las piedras que cubrían las cuevas del escondite que la estaban aprisionando.

Después de dos semanas de oración, uno de los intercesores iba conduciendo a casa y vio a la hija. Ella detuvo su automóvil y le dijo a la joven que habíamos estado orando por ella para encontrarla. Algunas asignaciones de oración se revelan con el tiempo. Si eres fiel para seguir adelante, Dios responderá.

"Somos humanos, pero no luchamos como lo hacen los humanos. 4 [a]Usamos las armas poderosas de Dios, no las del mundo, para derribar las fortalezas del razonamiento humano y para destruir argumentos falsos. Destruimos todo obstáculo de arrogancia que impide que la gente conozca a Dios. Capturamos los pensamientos rebeldes y enseñamos a las personas a obedecer a Cristo;"
2 Corintios 10:3–5

PARTE I
COMPROMETIDOS CON EL OBJETIVO

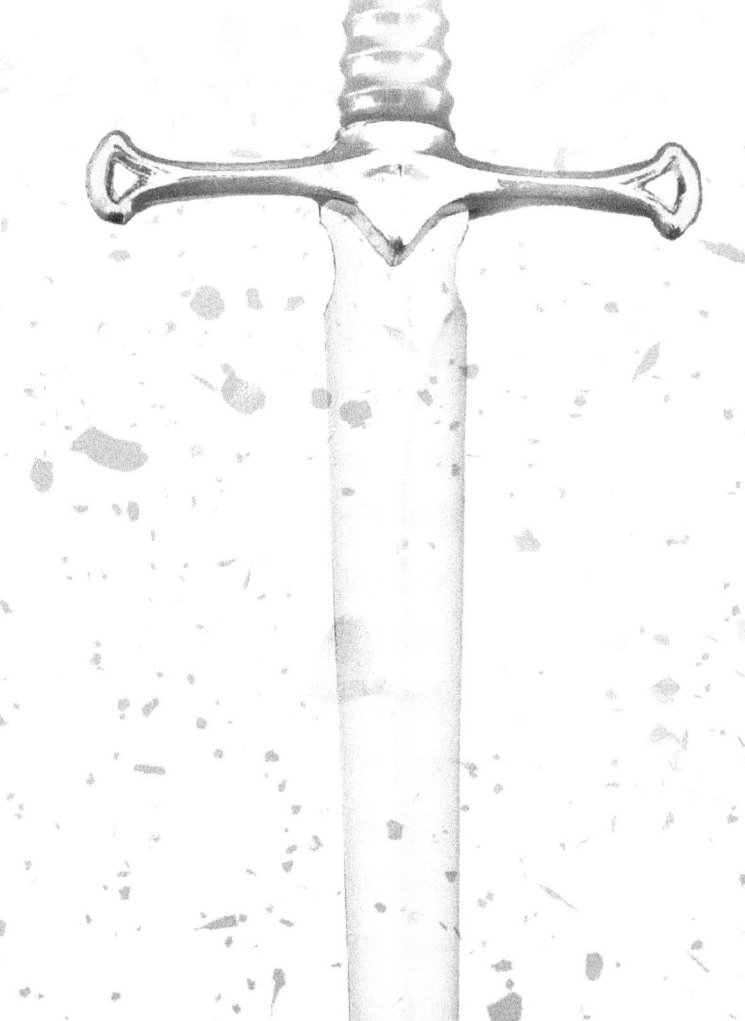

1. Orando La Sangre De Jesús

> *Así que, amados hermanos, podemos entrar con valentía en el Lugar Santísimo del cielo por causa de la sangre de Jesús.*
>
> **HEBREOS 10:19**

Vengo en contra de toda asignación que me mantiene ocupado impidiéndome construir un altar de oración. Me propongo diariamente pasar tiempo en oración.

La oración es mi acceso a la comunión y compañerismo con mi Padre celestial. Hoy decido caminar con Él en comunión y compañerismo, como lo hizo Adán.

El poder para vencer está en la sangre de Jesús y en la morada del Espíritu Santo. Desarrollaré tiempos consistentes de oración para experimentar todo lo que Jesús pagó.

Señor, gracias por la sangre de Jesús que me limpia de todo pecado e iniquidad.

En el nombre de Jesús, declaro la sangre de Jesús sobre el espíritu de descuido y de falta de oración. Me niego a vivir una vida sin oración.

¡Soy libre por la sangre de Jesús, porque todo aquel que el Hijo del Hombre libertare es verdaderamente libre!

ORACIONES DE ROMPIMIENTO, DECRETOS Y CONFESIONES

En el nombre de Jesús, aplico la sangre de Jesús sobre toda asignación que viene en contra de mi mente, evitando que me concentre en la eternidad.

Hoy le recuerdo al enemigo el poder de la sangre de Jesús, y le ordeno que toda asignación que viene en mi contra fracase.

En el nombre de Jesús, decreto la autoridad de la sangre de Jesús sobre cada asignación de maldad que retrasa mi provisión.

Decreto la autoridad de la sangre de Jesús sobre toda asignación que impide mi progreso. Hoy comienzo a avanzar en una nueva manera. En este momento se está liberando sobre mí un nuevo impulso. Por el poder del Espíritu Santo me convierto en una persona imparable.

El cuerno de Su salvación está derramando unción sobre mí. Aplico la sangre de Jesús contra todo espíritu que me mantiene en lugares bajos, y decreto que me estoy levantando de una nueva manera.

Tengo vida a través de la sangre de Jesús. Cualquier enfermedad que esté intentando atacar mi vida o la vida de mis familiares, tiene que desaparecer.

Padre, te doy gracias por la provisión de la sangre de Jesús.

Ordeno que toda obra de las tinieblas que esté acechando mi vida, se seque hasta las raíces por el poder de la sangre de Jesús.

Aplico la sangre de Jesús contra toda asignación de fracaso que esté circundando mi milagro. En el nombre de Jesús, derribo toda asignación de "casi" que esté interfiriendo e impidiendo que avance completamente.

Decreto que debido a que camino en la luz y he sido limpiado por la sangre de Jesús, he sido redimido de la mano del enemigo.

Por la sangre de Jesús soy justificado y santificado.

El poder de la cruz y la sangre de Jesús se interponen entre mí y los poderes de oscuridad que intenten operar en mi contra.

Mi fe se activa de una nueva manera. He sido limpiado por la sangre de Jesús.

Hoy recibo aceite fresco en mi vida. Mi vida está saturada con la unción, haciéndome resbaladizo en las manos del enemigo. El poder del infierno no me detendrá hoy.

2. EMPODERADOS POR LA SANGRE

El gozo del Señor me fortalece. Decreto que Su diestra de justicia me sostiene.

El rostro del Señor ilumina mi vida. El poder de la depresión y de la tristeza está derrotado. Ordeno al espíritu de miseria que deje mi vida ahora.

Hoy no caeré en la trampa de mis enemigos. Mis enemigos caerán en las fosas que hayan cavado para mí.

Decreto que no seré un adorador solo en las reuniones corporativas. A partir de hoy, me convertiré en un adorador secreto.

Derroto hoy toda asignación del infierno que haya venido en contra de mi vida de adoración. No hay desacuerdo entre mi vida privada de oración y mi vida pública.

Rompo ahora cada asignación de sequedad espiritual, torpeza de oído y dureza de corazón que estén operando en mi vida.

Rechazo ahora las asignaciones demoníacas que vengan a frustrar y a obstaculizar mi destino.

Decreto lo que está escrito en el Salmo 72, que Dios está juzgando a mis opresores. Hoy Dios está haciendo pedazos a mis opresores.
¡En el nombre de Jesús! Decreto que mis enemigos se inclinan y lamen el polvo.
En el nombre de Jesús, cierro ahora todas las puertas que yo haya abierto al enemigo.

En el nombre de Jesús, decreto que toda herida en mi alma está sanada.

Hoy cancelo toda asignación que ha venido en contra de mi destino y mi propósito.

Por el poder de mis palabras y de mi fe, mi día y mi noche se establecen al orden del Reino. La creación coopera conmigo y no contra mí. Las bendiciones me llegan y no las maldiciones. La vida viene a mí y no la muerte.

Recibo la virtud, la fortaleza, el poderío, el dominio y la unción que están en la sangre de Jesús. La sangre aviva hoy en mi interior toda asignación divina que haya muerto. Que la visión del Reino para mi futuro sea restaurada en mí.

Toda fuerza espiritual que haya sido drenada de mi vida a través de la guerra espiritual del pasado, es restaurada por el poder de la sangre de Jesús.

Permito que la sangre de Jesús revitalice, reavive, reactive y restablezca todos mis potenciales muertos y los dones espirituales dentro de mí. Decreto que cada don espiritual en mi interior cobra vida.

Oraciones de Rompimiento, Decretos y Confesiones

Hablo a mi potencial y decreto una explosión sobrenatural de todo lo que cargo. No desperdiciaré mi potencial.

En el nombre de Jesús y por el poder de Su sangre, soy libre de las iniquidades generacionales, adicción a la pornografía, alcoholismo, lujuria, todas las formas de perversión, incluidas la homosexualidad, bisexualidad, confusión de género, lujuria y masturbación; codicia, mentira, robo, falsedad y engaño.

Decreto que la sangre de Jesús purifica mi pasado. Soy limpio de todo pecado que surgió de mi vida pasada, y camino como una nueva creación en Cristo.

Ezequiel se comió todo el rollo de la Palabra de Dios. Como Ezequiel, yo consumo toda la Palabra de Dios. Abro cada parte de mi vida para que sea limpiada por la sangre de Jesús. No retengo nada.

La Palabra de Dios produce en mí el poder de regocijarme en el Espíritu Santo, el poder de ser firme y seguir a Dios, el poder de caminar con circunspección, el poder de una vida santa y el poder de una fidelidad sin vergüenza en todas las circunstancias.

Resisto toda asignación de comportamiento religioso carente del Reino que haya sido establecida en contra de mi vida.

Aplico la sangre de Jesús sobre cada puerta que haya abierto al enemigo. En el nombre de Jesús, cierro todas las puertas. En el nombre de Jesús, cierro para siempre toda puerta que haya abierto al enemigo.

En el nombre de Jesús, rechazo cada obra de las tinieblas que esté operando en mí y a través de mí.

3. Protegidos Por La Sangre

La sangre de Jesús es mi escudo contra todo poder de las tinieblas que venga contra mí.

En el nombre de Jesús, ordeno que se vaya de mi vida todo problema de pecado obstinado que esté operando en mí. La sangre de Jesús limpia mi vida. La sangre de Jesús protege y escuda mi vida.

En el nombre de Jesús, me escapo de todo cautiverio maligno que intente operar en mi vida.

Por el poder de la sangre de Jesús, ordeno sanidad a cada lugar donde mi alma haya sido herida.

En el nombre de Jesús, hablo a la voz del trauma que intenta aprisionarme. No escucharé la voz del trauma. Escucho la voz del Señor y recibo mi sanidad.

En el nombre de Jesús, me deshago de toda carga de preocupación.

En el nombre de Jesús, decreto una reversión sobrenatural de cualquier daño hecho a mi vida desde mi nacimiento. La sangre de Jesús anula cualquier daño de este tipo.

ORACIONES DE ROMPIMIENTO, DECRETOS Y CONFESIONES

Ordeno a todos los espíritus que tienen cautivos mis dones que los suelten, en el nombre de Jesús. Gracias al poder de la sangre de Jesús, funciono plenamente en mi identidad del Reino.

Ordeno a todo espíritu vagabundo que esté intentando operar en mi vida, que se vaya ahora mismo. Estoy firme en la casa de Dios y no seré desarraigado.

En el nombre de Jesús, ordeno al espíritu de estancamiento que deje mi vida. La sangre de Jesús crea un caudal de productividad y prosperidad en mi vida.

Tengo la victoria por la sangre del Cordero y por las palabras de mi testimonio. Testifico a la atmósfera que soy libre, y todo aquel que el Hijo del hombre libera, es verdaderamente libre.

En el nombre de Jesús, ordeno a la pérdida de tiempo que deje mi vida. La sangre de Jesús es mi escudo para hacer retroceder cada asignación que viene en mi contra. Cumpliré el plan de Dios para mi vida.

4. Superando Las Asignaciones De Demora

> *El objetivo final del enemigo no es simplemente detener tu progreso; él quiere que experimentes el fracaso cuando estás a punto de obtener éxito. El propósito del enemigo es dañar, no solo tu credibilidad, sino también la credibilidad de Dios.*
>
> *El espíritu de Pisgah es el espíritu de "casi-ahí". Cuando Moisés llegó a la frontera de la Tierra Prometida, subió a la montaña para verla, pero no se le permitió entrar. Así es como opera el retraso. Fracasas al borde del gran avance. Los acuerdos comerciales fracasan. El crecimiento en tu ministerio comienza y se detiene abruptamente. Te entrevistan varias veces para un trabajo y después de la última entrevista te dicen que no obtendrás el trabajo. Ves lo que quieres, y justo cuando estás a punto de conseguirlo, algo sale mal.*
>
> *Como creyente, tienes la unción de terminar. Dios es el Alfa y el Omega de nuestras vidas. Jesús nos empodera para terminar.*

En el nombre de Jesús, libero la unción de *shamar* sobre mi vida. (*Shamar* es una palabra hebrea que significa "velar" y "vigilar"). Todo lo que está relacionado conmigo ha sido marcado por la sangre de Jesús.

Oraciones de Rompimiento, Decretos y Confesiones

Por la autoridad y el poder de la sangre de Jesús, ordeno a mis enemigos que devuelvan lo que me han robado, y que me paguen no menos de siete tributos.

Miro a Jesús, quien es el autor y el consumador de mi fe (Hebreos 12:2). El Señor terminará y perfeccionará todo lo que a mí me concierne.

Mi confianza está en Jesús, el Alfa y el Omega, el Principio y el Fin, el Primero y el Último (Apocalipsis 22:13).

Recibo la unción de finalizar en cada área de mi vida. Jesús no deja las cosas a medias (no somos medio salvos, medio entregados, medio restaurados).

Confieso mi pecado de dudar ocasionalmente que Jesús vaya a terminar lo que comenzó en mí.

Aplico la sangre de Jesús sobre todo espíritu de obstrucción. En el nombre de Jesús, los ángeles del Señor quitan la piedra que bloquea mi avance financiero, físico y espiritual.

En el nombre de Jesús, rompo el poder y la asignación de todo espíritu de obstrucción que esté operando contra mi ministerio.

Veré la manifestación de la bondad del Señor. En el nombre de Jesús, ordeno a todo enemigo que esté bloqueando mi bendición que sea anulado.

En el nombre de Jesús, Dios se levanta y todos los enemigos de mi avance son esparcidos.

En el nombre poderoso de Jesús, el fuego de Dios derrite las piedras que obstaculizan mis bendiciones.

En el nombre de Jesús, brotan a mi favor nuevos pozos de bendición, de gracia y de honor.

En el nombre de Jesús, se dispersa toda nube que me esconde y obstaculiza mi avance al estar impidiendo que sea visto.

Abre mis ojos, Señor. No permitas que el camino delante de mí esté a oscuras.

En el nombre de Jesús, ordeno que todos los secretos del enemigo que aún moran en oscuridad en áreas de mi vida me sean revelados ahora.

Ciertamente el bien y la misericordia me seguirán todos los días de mi vida.

Señor, te pido que todas las llaves de mis beneficios que aún están en posesión del enemigo me sean entregadas hoy.

En el nombre de Jesús, todo mi sudor y esfuerzo de vida no serán en vano.

En el nombre de Jesús, ato a los espíritus malignos que "planean" causarme problemas hoy y todos los días.

En el nombre de Jesús, Señor conviérteme en brasas de fuego intocables que estén demasiado calientes para que el enemigo las pueda tocar.

PARTE I

ORACIONES DE ROMPIMIENTO, DECRETOS Y CONFESIONES

Señor, dijiste que yo sería cabeza y no cola. Reprendo a los espíritus de cola que están operando en mi vida.

Decreto que la creación coopera conmigo y con mi destino.

Ordeno a la tierra que desate mis bendiciones ahora. La tierra no trabajará en mi contra; la tierra trabaja conmigo.

5. CORTANDO LOS ATAQUES Y LIBERANDO LAS BENDICIONES

Él dijo: "Tú hermano vino con engaño y se llevó tu bendición. Él respondió: ¿No es cierto que llamaron su nombre Jacob? Pues ya me ha suplantado estas dos veces: Se llevó mi primogenitura, y he aquí que ahora también se ha llevado mi bendición. Y añadió: ¿No te queda una bendición para mí?

Isaac respondió y dijo a Esaú: "He aquí, yo lo he puesto por señor tuyo, y le he dado como siervos a todos sus hermanos. Lo he provisto de trigo y de vino. ¿Qué, pues, haré por ti, hijo mío?" Esaú dijo a su padre: ¿No tienes más que una sola bendición, padre mío? ¡Bendíceme también a mí, padre mío! Y Esaú alzó su voz y lloró.

Entonces respondió Isaac a su padre y le dijo: "He aquí, será favorecido el lugar que habites con los más preciados productos de la tierra y con el rocío del cielo arriba. De tu espada vivirás y a tu hermano servirás. Pero sucederá que cuando adquieras dominio, romperás su yugo sobre tu cuello."

Genesis 27:35–40 (RVA-2015)

Parte I

ORACIONES DE ROMPIMIENTO, DECRETOS Y CONFESIONES

El día que te canses de los ataques satánicos será el día que caminarás en libertad. Jacob robó la primogenitura de su hermano, y después robó sus bendiciones. Esaú no avanzó hasta que finalmente se cansó de estar debajo de su hermano. El día que te canses de tu situación actual, será el día que comenzarás a moverte hacia adelante.

Cuando Ana clamó a Dios por un hijo, su oración fue escuchada.

Cuando Jabes clamó a Dios, su oración fue escuchada.

El día que Jacob luchó con el ángel de Dios, logró su rompimiento.

Quizás el cautivo sea rescatado del valiente y el botín sea arrebatado al tirano, pero yo defenderé tu pleito y salvaré a tus hijos. Y a los que te despojaron haré comer sus propias carnes, y con su sangre serán embriagados como con vino. Entonces todos sabrán que yo, Jehová, soy tu Salvador y tu Redentor, el Fuerte de Jacob.
Isaías 49:25–26 RVA

Reprendo a todos los espíritus nocturnos que vienen a atormentarme y a robar mis sueños.

Decreto que todo espíritu tenebroso que maldiga mis sueños e intente detener mi destino será derrotado.

En el nombre de Jesús, que cada asignación escrita en mi contra en el reino demoníaco y que trate de controlar mi vida sea derrotada.

Reprendo a todos los agentes demoníacos que fueron asignados a mi vida.

Ordeno la destrucción total de todo esfuerzo satánico contra mi vida.

Que todo poder de las tinieblas que acecha mi vida sea consumido por el fuego de Dios.

Toda impureza que hay en mi vida que haya entrado a través de los sueños, es limpiada por la sangre de Jesús.

Cierro todas las puertas de acceso a mi vida que tengan los poderes de las tinieblas. Doy la bienvenida en mi vida a la presencia de Dios, el Rey del universo, de una manera nueva y fresca.

Que todo encantamiento maligno, maleficio, vejación y maldición, con o sin nombre, que esté planeado y conspire contra mí entre las 12:00 y las 3:00 de la mañana, sea anulado.

Que todo encantamiento maligno, maleficio, vejación y maldición, con nombre o sin nombre, que esté planeado y conspire contra mí entre las 3:00 y las 6:00 de la mañana, sea anulado.

En el nombre de Jesús, me libero de todas las ataduras de mi línea de sangre. Decreto que soy libre de toda atadura generacional.

En el nombre de Jesús, ordeno que soy liberado de todo espíritu maligno que me retiene en las viejas temporadas de la vida.

Decreto una reversión sobrenatural de cada designio de maldición diseñado contra mi vida.

Decreto que todo espíritu de enfermedad oculto o abierto se aparta de mi vida.

PARTE I

ORACIONES DE ROMPIMIENTO, DECRETOS Y CONFESIONES

En el nombre de Jesús, ato a todo hombre fuerte que esté operando en mi contra. Decreto que las huestes angelicales de Dios están luchando a mi favor y derrotando a todos mis enemigos.

En el nombre de Jesús, ordeno que se detengan todas las asignaciones del infierno que estén operando en mi vida debido a errores pasados. Todo aquel que el Hijo libera, es verdaderamente libre, y hoy, yo soy libre.

Decreto que toda maldición de retroceso se rompe ahora. Hablo éxito, avance, incremento y multiplicación a lo largo de mi vida.

Señor, hazme un canal de bendición en mi familia, ministerio, ciudad y nación.

Tomo como mi arma la espada de doble filo del Espíritu, y corto de raíz los poderes de las brujas, magos, espíritus familiares, espíritus ancestrales / familiares, manipuladores, espíritus escáner, espíritus espías, flechas malignas y malas decisiones que intentan operar en mi contra.

Cancelo toda asignación de vergüenza satánica operando en mi contra.

Se levanta la bandera del Señor en contra de todos mis enemigos.

Señor, úsame como tu hacha de batalla para derrotar a mis enemigos. Lucha contra aquellos que luchan contra mí.

Señor, libera a tus ángeles guerreros a mi favor.

Todo edicto injusto escrito en mi contra es anulado, y envío fuego, truenos y piedras de fuego para destruir los poderes de las tinieblas en el aire.

Ato a todos los demonios que están en contra de mi liberación y tener libertad en cada área de mi vida. Mi cuerpo, mente y alma han sido libertados.

Por el poder del decreto profético, toda arma satánica que estaba operando en mi contra, ha sido derrotada.

Por el poder del decreto profético, destruyo la trama de brujería, hechicería, magia y todo poder lóbrego de Satanás no nombrado que haya sido enviado en contra de mi vida. Decido caminar en victoria sobre mis enemigos.

6. Reprendiendo Las Confederaciones Demoníacas

Corto cualquier vínculo satánico que tenga con personas vivas o muertas. Que todas las confederaciones espirituales que hayan sido establecidas en mi contra sean derrotadas.

Declaro destrucción contra todas las cubiertas de protección del enemigo. Que estas asignaciones enviadas en mi contra sean consumidas por el fuego de Dios.

Cancelo cada palabra descuidada que yo haya dicho y que los poderes del infierno están utilizando en mi contra. En el nombre de Jesús, declaro una cosecha fallida para estas palabras.

Rompo todo apego satánico que pudiera tener con cualquiera de mis posesiones.

Me opongo a todas y a cada una de las maldiciones emitidas contra mi futuro y mi progreso.

En el nombre de Jesús, me aparto de todo acuerdo satánico, juramentos, altares ocultos y santuarios presentes en el lugar donde nací.

Que todo lo que los agentes demoníacos me robaron me sea devuelto a mí y me paguen siete veces su valor.

En el nombre de Jesús, renuncio a toda paz maligna, acuerdos malvados, unidad inicua, amor malvado, felicidad maligna, entendimiento malvado, comunicación malvada y reunión malvada que hayan sido formadas en mi contra.

Ordeno a los espíritus de frustración que suelten el control que tienen sobre mi vida.

Ordeno a los espíritus de pobreza que suelten el dominio que tienen sobre mi vida. Rompo los ciclos de deudas y de mala administración que están sobre mi vida.

Ordeno que las asignaciones de harapos espirituales pierden su control sobre mi vida. Rompo de mi vida el ciclo de caer de la gracia. Hoy, entro en el ciclo y el orden de las bendiciones de Dios, y voy de gracia en gracia.

Reprendo toda asignación de derrota, enfermedad, degradación, demora demoníaca, confusión, retroceso, falta de progreso y cualquier otra asignación del infierno que intenta bloquear mi avance.

Decreto que todo opresor malvado que está operando en mi contra tropezará y caerá.

Señor, te pido que amordaces la boca de los impíos que se hayan reunido contra mí.

Que todas las armas de fracaso creadas contra mi vida sean consumidas por el fuego de Dios.

PARTE I
ORACIONES DE ROMPIMIENTO, DECRETOS Y CONFESIONES

Que todos los espíritus de escáner y espíritus espías que intentan monitorear y manipular mi vida sean consumidos por el fuego de Dios.

Yo decreto la dispersión de toda confederación demoníaca que haya sido convocada por mi causa. Que el poder de Dios confunda toda confederación demoniaca y la atraiga a Él.

Se quema con el fuego de Dios todo paraguas demoníaco que está impidiendo que caigan lluvias celestiales sobre mí. Que la abundante lluvia de Dios sea liberada en mi vida hoy y todos los días.

Señor, te doy gracias porque me has dado el poder para perseguir, alcanzar y recuperar todo lo perdido.

Señor, enséñame a crucificar mi carne.

Señor, enséñame a superarme a mí mismo.

Señor, te doy las gracias por mi temporada de retribución contra mis enemigos.

Decreto que todos los días recibiré tributo de mis enemigos. Es mi temporada de restitución sobrenatural.

Yo soy más que vencedor por la sangre del Cordero y las palabras de mi testimonio. Hoy declaro victoria.

Testifico al cielo y a la tierra, que camino en las bendiciones de ser cabeza y no cola. Mi vida es cada vez mejor. Mis milagros ya no se demoran. La retribución contra mis enemigos es mi porción y yo, la recibo hoy.

7. Derrotando Las Ataduras De Maldad

Todos los atletas se entrenan con disciplina. Lo hacen para ganar un premio que se desvanecerá, pero nosotros lo hacemos por un premio eterno. Por eso yo corro cada paso con propósito. No solo doy golpes al aire. Disciplino mi cuerpo como lo hace un atleta, lo entreno para que haga lo que debe hacer. De lo contrario, temo que, después de predicarles a otros, yo mismo quede descalificado.

1 Corintios 9:25–27

Hoy mi vida será mejor que ayer. Opero en la unción y en el poder de cada vez mejor y mejor.

Que todas las redes demoníacas enlazadas y convocadas por mi causa se dispersen y nunca se vuelvan a enlazar.

Ordeno que los refuerzos del mal que están en mi contra se dispersan. Hablo confusión sobre toda atadura de maldad que se formó contra mí. ¡No prosperarás sobre mí!

Decreto que hoy se cancela todo juramento demoníaco que yo u otra persona hayamos pronunciado.

Declaro la destrucción de ciclos demoniacos y demonios de aniversarios y de toda agenda maligna que el enemigo haya puesto

ORACIONES DE ROMPIMIENTO, DECRETOS Y CONFESIONES

contra mí, mi familia y mi iglesia. Declaro una liberación de la unción de Isacar sobre mi vida, dándome habilidad sobrenatural para entender los tiempos, las estaciones y todo lo que necesito hacer.

En el nombre de Jesús, declaro vida sobre todo lo bueno que haya muerto en mi vida. Declaro el poder de resurrección sobre mis sueños, destino y propósitos que hayan muerto en mí.

Ato todo espíritu demoníaco que esté trabajando en contra de mis oraciones.

Decido morar en el lugar secreto de Dios (Salmo 91:1); por lo tanto, mi vida está escondida en Dios. Según Colosenses 3:2–4, pongo mi mente en las cosas de arriba, no en las de la tierra. Morí y mi vida está escondida con Cristo en Dios. Cuando Cristo, que está en mi vida, se manifieste, yo también apareceré con Él en gloria.

Cancelo los pactos conscientes e inconscientes que haya hecho con el espíritu de muerte. Viviré el número de mis días en la tierra.

Señor, someto a Ti mi lengua; toma el control.

En el nombre de ambos lados de mi línea de sangre, me arrepiento de todo espíritu que haya roto pactos, haya causado derramamientos de sangre inocente, incluyendo los abortos.

En el nombre de ambos lados de mi línea de sangre, me arrepiento por no haber honrado los principios de reposo, trabajo y adoración.

Me niego a hacer guerra contra mí mismo; vigilaré mi boca. No seré descuidado con mis palabras.

Señor, despiértame de cualquier forma de sueño espiritual.

En el nombre de Jesús, toda semilla malvada que haya sido plantada en mi vida por el temor es desarraigada.

Señor, permite que mi vida sea una demostración del poder de Tu Reino.

Por el poder de la sangre de Jesús, ordeno a toda enfermedad física y espiritual que huya de mi vida.

Permite que el enemigo caiga en el hoyo que ha cavado para mí.

Permite que mi vida experimente el favor divino en cada área.

Desato la aflicción de Dios contra cualquier instrumento enviado por el enemigo para hacerme daño.

Declaro que la lengua de mis enemigos es dividida y confundida, y los consejos de los impíos son quebrantados.

Señor, dame milagros que asombren al mundo.

Ordeno a mis enemigos que se conviertan en estrado de mis pies, y pisoteo todo poder de las tinieblas.

Señor, permíteme experimentar la victoria en cada área de mi vida.

Ordeno que todo lo bueno que el enemigo haya removido de mi vida, me es devuelto hoy con retribución.

Llamo a todas las bendiciones que hayan estado encerradas. Bendiciones encerradas, salgan del cautiverio hoy y regresen a mi vida.

PARTE I

ORACIONES DE ROMPIMIENTO, DECRETOS Y CONFESIONES

8. VENCIENDO LOS ESPÍRITUS MARINOS

> *Los espíritus marinos son espíritus y principados asociados con el agua y el mar. Leviatán, por ejemplo, es una serpiente marina grande (Isaías 27:1), se describen espíritus similares en Ezequiel 29:3-4, Job 41 y Apoc. 17:1-2. Algunos se conocen como Poseidón, Neptuno, Bruja Marina y Dragón Marino. Orgullosos y arrogantes, son los espíritus gobernantes que afirman su control en las ciudades costeras. Todo un reino de tinieblas opera bajo las aguas y bajo los mares.*

Dales este mensaje de parte del Señor Soberano: "Yo soy tu enemigo, oh faraón, rey de Egipto, monstruo enorme que acechas en las corrientes del Nilo. Pues has dicho: 'El Nilo es mío; lo hice para mí'. Te pondré garfios en las mandíbulas y te arrastraré hasta tierra firme con peces pegados a tus escamas. Te dejaré a ti y a tus peces abandonados en el desierto para que mueran. Quedarás sin sepultura tirado en campo abierto, pues te daré como comida a los animales salvajes y a las aves ... La tierra de Egipto se convertirá en una desolada tierra baldía y los egipcios sabrán que yo soy el Señor. Debido a que dijiste: 'El Nilo es mío; yo lo hice', ahora soy enemigo tuyo y de tu río. Haré de Egipto una tierra totalmente desolada y baldía, desde Migdol hasta Asuán, y tan al sur como la frontera con Etiopía.
Ezequiel 29:3–5, 9–10

Mayor es el que está en mí que cualquier poder en la tierra y en las aguas. Nací de Dios y con mi fe he vencido al mundo.

Con fe vengo en contra de las fortalezas malignas provenientes de cualquier reino marino. Con fe declaro que tus aguas están contaminadas. Aplico la sangre de Jesús sobre todo cuerpo de agua.

Derroto a todo espíritu gobernante entronizado contra mí. Por fe pisoteo serpientes y escorpiones. Arruino palacios demoníacos, ato sus operaciones y libero a los cautivos.

No habrá refuerzo ni reunión maligna de este poder contra mí, y sello cada confesión con la sangre de Jesús.

Toda brujería practicada en mi contra debajo de cuerpos de agua recibe juicio inmediato por el fuego de Dios.

Todo altar maligno debajo de las aguas, sobre el cual se hayan cometido ciertas maldades contra mí, es quemado por el fuego de Dios.

Se libera el juicio de Dios contra todo sacerdote que ministra en cualquier altar maligno contra mi vida, familia o ministerio.

Decreto que cualquier poder bajo el agua que esté controlando mi vida remotamente, es derrotado. Soy libre.

Ordeno que todo demonio marino trabajando en contra de mi salud, mi familia, mis relaciones, mi iglesia o mi ciudad, recibe el juicio del fuego de Dios.

Derribo las fortalezas de hechicería, encantamientos, maleficios o adivinaciones creados por demonios marinos que fueron enviados contra mi vida, mi familia, mi matrimonio y mi iglesia.

En el nombre de Jesús, rompo cualquier cadena de brujería marina que impida que mis manos y pies prosperen.

Oraciones de Rompimiento, Decretos y Confesiones

Por la sangre de Jesús, revierto cualquier mal que haya sido hecho contra mí a través de la brujería, la opresión y la manipulación de los demonios marinos.

Ato y corto de mi vida todas las asignaciones de la bruja marina, el dragón marino, la serpiente marina y cualquier otro poder oscuro que opere en mi contra.

En el nombre de Jesús, rompo ahora el poder del infierno que esté operando en mi contra, arriba, sobre el agua o debajo del agua.

Decreto que las aguas de dificultades no se desbordarán en mi vida, ni hoy ni en ningún otro día.

9. Oraciones Por Territorios Y Naciones

Señor, te pido que liberes lo que necesito para que mi necesidad sea suplida. Señor, ábreme la puerta para los negocios.

Señor, te pido que envíes la manifestación del Espíritu Santo para recordarle a la Iglesia que cada nación tiene la Gran Comisión: discipular su nación para que regresen a Jehová. [Ora y menciona tu nación por nombre]

Que la unidad del Espíritu vuelva a la Iglesia en América; no hay judío ni griego, ni esclavo ni libre, varón o mujer en Cristo. Todos somos uno. Que prevalezca la unidad.

Señor, has establecido a América como modelo para las naciones. Permite que América vuelva a la intención original que tuviste para ella.

Despierta del letargo a la Iglesia en cada nación. Señor, despiértanos del letargo. Muéstranos dónde nos hemos resbalado, caído o dormido y el enemigo ha venido a sembrar cizaña en nuestros campos.

Señor, envía ángeles a patrullar mi territorio a medida que avanza la noche. Decreto que esta noche no se sembrará cizaña en mis campos. Aplico la sangre de Jesús sobre mi vida y mi herencia.

PARTE I
ORACIONES DE ROMPIMIENTO, DECRETOS Y CONFESIONES

Se levantan nuevas redes de oración que interceden por las comunidades y naciones de acuerdo con Tu voluntad. Decreto que estos tiempos de intercesión no serán religiosos ni legalistas. Decreto que estos serán tiempos en que el fuego del Señor saldrá de nuestros labios para consumir a nuestros enemigos.

Señor, dame favor en todo lo que emprenda en mi vida. Dame el favor para compartir el Evangelio, y permíteme ser ejemplo de justicia para que otros puedan ser atraídos al Señor a través de mi vida.

Que en cada momento el favor me rodee como un escudo. Que el favor rodee mi ciudad. Decreto que la tasa de violencia está disminuyendo en mi ciudad.

Aplico la sangre de Jesús sobre el sistema escolar en mi área. Declaro que los estudiantes de minorías en mi ciudad comienzan a sobresalir exponencialmente. Decreto la exposición de los maestros que reprenden y maltratan a los estudiantes. Que sean despedidos de sus cargos.

Que todo pedófilo, agresor sexual, drogadicto y abusador físico de menores que trabajan o se ofrecen como voluntarios en el sistema escolar sean expuestos y expulsados. Que sean acusados del delito correspondiente y encarcelados. Luego abre puertas para que alguien que representa Tu Reino, comparta el Evangelio con ellos. Que sus corazones se vuelvan a Ti en la prisión, para que puedan extender el Reino de Dios por encima del islam durante su encarcelamiento.

Haz que los enemigos de la Iglesia en América comiencen a promover los propósitos proféticos de Dios para la Iglesia. Que se rompa el odre de la religión que ha ocultado a la Iglesia y distorsionado Tu voz, y que el paradigma de la Iglesia cambie para reflejar Tu Reino que avanza.

Oro por los medios de comunicación de mi nación. Decreto que los creyentes del Reino alcanzan a Hollywood. Decreto que se están inventando nuevos medios sociales que reflejan el Reino de Dios. ¡Reemplazarán las plataformas de redes sociales actuales en crecimiento! Decreto la revocación de las leyes que permiten la pornografía infantil. Decreto que se están creando nuevas estaciones de televisión que reflejarán el Reino de Dios. Decreto nuevos medios impresos que reemplazarán a los existentes. La asignación de propaganda se rompe hoy: se establece la verdad en los medios de comunicación,

Decreto que las editoriales de pornografía se secan. La iglesia libera un clamor santo contra la pornografía en la televisión, en los medios impresos y en otras formas de medios de comunicación.

Decreto que las ondas aéreas son de Dios.

Señor, levanta personas que rediman los medios de comunicación y lo transformen y, en vez de ser un recipiente que difunde el mal más que el bien, sea un instrumento para educar y discipular a la sociedad para el Reino.

Señor, te pido que levantes entretenimiento creativo que construya, en lugar de destruir la estructura de mi nación.

[Si has estado atado a la pornografía, haz esta oración todos los días.] Me arrepiento por participar y apoyar expresiones impuras en los medios, como son la pornografía, las películas clasificadas como X y R, etc. No pondré nada impuro ante mis ojos. No meditaré sobre la maldad representada en material pornográfico o sexualmente explícito. ¡Soy liberado hoy y todos los días!

PARTE I

ORACIONES DE ROMPIMIENTO, DECRETOS Y CONFESIONES

10. LIBERANDO EL DESTINO PERSONAL

En el nombre de Jesús, renuncio a toda asignación de pobreza heredada en mi vida.

En el nombre de Jesús, me niego a recoger cosechas de maldad. Decreto que todos los días, cosas buenas son desatadas sobre mi vida.

En el nombre de Jesús, declaro que el favor divino de Dios cubre mi vida.

Señor, haz que mi vida sea terror y pavor para el enemigo.

En el nombre de Jesús, te pido que fortalezcas mis manos para quebrantar las fortalezas del enemigo en cada área de mi vida, familia y ministerio.

En el nombre de Jesús, permite que mis enemigos sufran deshonra pública. Que la mesa del Señor esté preparada para que yo coma en presencia de mis enemigos.

En el nombre de Jesús, Señor, te pido que liberes Tu fuego y destruyas toda imaginación maligna que esté operando en cualquier área de mi vida.

Señor, te pido que expongas y avergüences los planes que Satanás haya lanzado contra mí a través de cualquier fuente y en cualquier momento.

En el nombre de Jesús, abandono todo pecado personal que haya cedido terreno al enemigo. Libérame del pecado oculto.

Reclamo el terreno que he perdido ante el enemigo. ¡Esta es mi temporada de retribución!

En el nombre de Jesús, ordeno a todos los poderes del enemigo que trabajan en contra de mi progreso que se vayan ahora. Rompo cada asignación de fracaso que esté intentando operar en mi contra.

En el nombre de Jesús, me separo de Satanás y de cualquier poder extraño.

Por el poder de la sangre de Jesús, mi Redentor, rompo el derecho de cualquier poder extraño creado contra mí.

En el nombre de Jesús, rompo todas las ataduras de enfermedades heredadas. La enfermedad heredada ya no me acosará.

Declaro que la muerte prematura y la enfermedad no tienen poder sobre mí. Viviré el número de días que me fueron asignados y cumpliré mi propósito en la tierra.

En el nombre de Jesús, rompo toda atadura de enfermedad mental heredada. Tengo una mente sana.

En el nombre de Jesús, ordeno a todo espíritu de enfermedad que abandone mi vida ahora. Mi próxima cita con el médico reflejará la sanidad.

PARTE I
Oraciones de Rompimiento, Decretos y Confesiones

Decreto que mis hijos caminarán en el destino ordenado por Dios para sus vidas.

Decreto que mis hijos caminan en salud divina. Cancelo toda asignación en contra de su enfoque y atención. Cancelo toda asignación de diabetes y trastornos sanguíneos. Cancelo toda asignación de retraso cognitivo. Cancelo cada asignación de pesadillas y terrores nocturnos.

En el nombre de Jesús, rompo y cancelo ahora toda asignación del espíritu de anticristo asignados contra mis hijos.

En el nombre de Jesús, cancelo toda asignación de rebelión en contra de la autoridad que está operando en mis hijos.

Mis hijos están protegidos contra las asignaciones de violación, abuso sexual y secuestro.

Mis hijos no serán víctimas de muerte accidental, incluyendo, ahogamiento o asesinato.

Mis hijos no serán víctimas de espíritus de suicidio y autodestrucción, incluida la automutilación.

Mis hijos no serán víctimas de acoso, violencia y ostracismo. Mis hijos caminan en el favor de Dios y de los hombres.

Llamo a mis hijos pródigos de regreso a la casa de Dios. Llamo de regreso a la casa de Dios a cada hijo pródigo de mi familia. Quito toda cubierta de espinas que está rodeando la vida de los hijos pródigos y les está impidiendo regresar a la casa de Dios.

En el nombre de Jesús, rompo todas las ataduras de aislamiento que me impiden conectarme con otros creyentes.

En el nombre de Jesús, recibo sanidad en las heridas del alma.

En el nombre de Jesús, ordeno que todo espíritu de desperdicio que intenta operar en contra de mi salud, mi familia y mis finanzas se vaya de mi vida.

En el nombre de Jesús, me opongo a todo deseo adictivo en mi vida. Desato milagros creativos en cada área de mi vida.

Ordeno al espíritu de destrucción que opera contra mí, mi familia, mi iglesia y mi ciudad que se vaya ahora. En el nombre de Jesús rompo tu asignación.

En el nombre de Jesús, Señor, te pido que me lleves desde donde estoy hacia donde Tú deseas llevarme.

Señor, establéceme en la verdad, la piedad y la fidelidad.

Señor, añade favor a mi trabajo.

Señor, trae incremento a mi trabajo.

Señor, agrega rentabilidad a mi trabajo.

Señor, promueve y preserva mi vida.

No perderé mi destino. Tú me creaste con un propósito en mente; decreto que cumpliré mi destino.

ORACIONES DE ROMPIMIENTO, DECRETOS Y CONFESIONES

Señor, me arrepiento de haber descuidado Tu propósito en mi vida. Hoy elijo abrazar a quién Tú me has llamado a ser y a lo que me has llamado a hacer.

Soy un vaso escogido en la mano del Señor. Dios me ha levantado para un tiempo como este. No seré inútil en la tierra. Hoy y todos los días viviré el destino que Dios me ha asignado.

Confieso hoy Jeremías 29:11 sobre mi vida. Dios me ha dado un buen futuro y una esperanza. ¡Dios me está llevando a un lugar de éxito en la vida y en el ministerio!

11. Venciendo a Belcebú

> *El nombre Belcebú (o Baalzebub) significa "Señor de las moscas" o "Señor del estiércol". Los espíritus inmundos trafican en áreas no sujetas de nuestras vidas. Estos espíritus inmundos, trabajan para atrincherarse en tales áreas en un intento de establecer una fortaleza. A menudo, una fortaleza se establece de una manera que puede evitar que su don funcione.*
>
> *Sin embargo, las fortalezas pueden romperse. Las moscas no viven para siempre; sus vidas duran sólo unos 28 días. Todo lo que esté operando en su contra se romperá en 40 días si se compromete a pasar tiempo con el Señor, porque el número 40 representa separación. Moisés estuvo en la montaña con Dios durante 40 días, al igual que Jesús en el desierto.*

Reprendo a todo espíritu de la mosca que están intentando operar en mi vida. No me alimentaré de nada muerto o seco. Hoy escojo la vida.

Hoy decido separarme de toda cosa inmunda. Fui llamado y escogido por Dios, y me niego a ser contaminado.

En el nombre de Jesús, aplico la sangre de Jesús sobre el espíritu de descuido y de falta de oración. Mientras oro estoy arraigado y cimentado en las cosas eternas de Dios.

PARTE I
ORACIONES DE ROMPIMIENTO, DECRETOS Y CONFESIONES

Decreto que no solo seré un adorador en reuniones congregacionales; a partir de hoy, me convertiré en un adorador secreto. Derroto toda asignación del infierno que hoy haya venido contra mí después de mi adoración. No hay desacuerdo entre mi vida privada de adoración y mi vida pública.

Rompo hoy la asignación de sequedad espiritual, torpeza de oído y dureza de corazón.

¡Soy libre, y al que el Hijo del hombre libera, es realmente libre!

En el nombre de Jesús y por el poder de Su sangre rompo toda asignación que venga en contra de mi mente, evitando que me concentre en la eternidad.

Hoy le recuerdo al enemigo el poder de la sangre de Jesús, y ordeno que fracasan todas las asignaciones puestas en mi contra.

Decreto el Salmo 72:4. Dios está juzgando a mis opresores hoy y Él los destruye.

En el nombre de Jesús, y en base al Salmo 72:9, decreto que mis enemigos se inclinarán y lamerán el polvo.

En el nombre de Jesús, decreto la autoridad de la sangre de Jesús sobre cada asignación malvada que esté deteniendo mi provisión.

Decreto la autoridad de la sangre de Jesús sobre cada asignación que continúa impidiendo que progrese en la vida y en el ministerio. Hoy comienzo a progresar de una nueva manera. En este momento se está liberando un nuevo impulso sobre mí. Me estoy volviendo imparable por el poder del Espíritu Santo.

Que el gozo del Señor me fortalezca. Decreto que Su diestra de justicia me sostiene. El rostro del Señor ilumina mi vida. El poder de la depresión y la tristeza que estaban sobre mí ha sido roto. Ordeno al espíritu de miseria que deje mi vida ahora.

Hoy, el cuerno de Su salvación está derramando unción sobre mí. Aplico la sangre de Jesús contra todo espíritu maligno que me esté manteniendo en un lugar bajo. Hoy me estoy levantando de una nueva manera. Hoy mi vida está empapada de unción.

No caeré hoy en el abismo de mis enemigos. En cada hoyo que haya cavado el enemigo para mí, caerá él.

Por la sangre de Jesús, tengo vida. Ninguna enfermedad puede morar en mí.

Gracias, Padre, por la provisión de la sangre de Jesús.

Por el poder de la sangre de Jesús, ordeno que toda obra de las tinieblas en mi vida se seque hasta las raíces.

Aplico la sangre de Jesús sobre cada asignación de fracaso que esté al borde de un milagro. En el nombre de Jesús, descarto todas las asignaciones enviadas por el enemigo que estén interfiriendo con mi gran avance.

Rompo el poder de todas las asignaciones demoníacas que vengan a frustrar y a obstaculizar mi destino.

Decreto que camino en la luz y en por la sangre de Jesús, he sido redimido de la mano del enemigo.

Por la sangre de Jesús, soy justificado, purificado y santificado con la santidad de Dios.

Aplico la sangre de Jesús y el poder de la cruz entre mí y todo poder demoniaco que intente operar en mi contra.

ORACIONES DE ROMPIMIENTO, DECRETOS Y CONFESIONES

En el nombre de Jesús, ordeno que todas las heridas de mi alma sean sanadas.

Hoy cancelo las asignaciones del enemigo que fueron enviadas en contra de mi destino y de mi propósito.

Establezco mi día y mi noche en el orden del Reino. La creación coopera conmigo y no contra mí.

Las bendiciones me llegan y no las maldiciones. La vida me viene y no la muerte.

Mi fe se activa de una nueva manera. Fui limpiado por la sangre de Jesús.

12. Desatando La Voz Del Señor

Señor, te doy gracias porque Tu voz truena desde el cielo, todos los enemigos serán dispersados, y quedará claro que es hora de que todas las personas alaben al Señor.

Decreto que la voz del Señor tronará por encima de cualquier otra voz que pueda intentar surgir en cada temporada.

Señor, te doy gracias porque mi ayuda y mi defensa provienen de Ti y no de ningún demonio. ¡Solo Tú eres el Señor de todos los días!

Señor, pido que Tu voz sea como un trueno que ahoga y silencia el clamor de cada voz satánica o maligna que sea proclamada sobre mi vida, familia, comunidad y nación.

Declaro que Tu voz ahogará y silenciará la voz de asesinato, caos, destrucción y muerte prematura. Los espíritus de Abadón y Apolión son silenciado en todas las ciudades con una alta población minoritaria.

En el nombre de Jesús, desata Señor, tu voz en contra de toda asignación de genocidio y depuración étnica.

Señor, desata tu voz en contra del aborto en mi nación.

Decreto que la voz del Señor será liberada contra todas las formas de tráfico sexual, incluyendo el tráfico sexual de menores.

PARTE I
ORACIONES DE ROMPIMIENTO, DECRETOS Y CONFESIONES

Oro para que la voz de la cordura y la razón prevalezcan por encima de voces de confusión, caos y anarquía en todas las puertas de la sociedad de mi nación (véase Hechos 19: 37–40).

Decreto que tanto hombres como mujeres, comenzarán a encontrar su identidad y rechazarán las drogas, el asesinato y la perversión.

Señor, te pido que te levantes y reprendas las potestades de las huestes satánicas en los aires. Que el poder de cada fuerza satánica sea quebrantado hoy y todos los días.

Señor, desata Tu voz en contra de todo fundamento demoníaco.

Entramos en acuerdo con la escritura de Hageo 2:6-9. Que todo fundamento demoníaco sea sacudido de su lugar. Señor, libera Tu voz para que las naciones sean sacudidas. Permite que las riquezas de las naciones fluyan hacia la Iglesia para que Tu Reino pueda avanzar en la tierra.

Oro para que cada nube que haya cubierto al pueblo de Dios sea arrastrada por Tu aliento.

Señor, te pido que ayudes a cada creyente a saber qué cosas deben arrancar, derribar, destruir y derrumbar, y también lo que deben plantar y construir. Oro para que me des gracia y fuerza para hacer lo que has propuesto para mi vida.

¡Poseo las puertas del enemigo hoy y todos los días!

13. Venciendo La Debilidad

El poder de vencer está en la sangre de Jesús y en la morada del Espíritu Santo. Debemos desarrollar tiempos consistentes de oración si queremos experimentar todo por lo que Jesús pagó.

Somos completamente libres para entrar al Lugar Santísimo. Podemos hacer esto sin temor debido al sacrificio de sangre de Jesús. Entramos por un camino nuevo que Jesús nos abrió.
Hebreos 10:19

Recibo las virtudes, la fuerza, el poder y la unción que hay en la sangre de Jesús.

Permite que Tu sangre avive todo lo que está muerto en mi interior. Que la visión del Reino se restaure en mí.

Permite que la fuerza espiritual que haya sido drenada de mi vida sea restaurada por el poder de la sangre de Jesús.

Reprendo toda asignación de pérdida espiritual que esté intentando operar en mi vida.

Oraciones de Rompimiento, Decretos y Confesiones

Permite que la sangre de Jesús fortalezca, revitalice, reactive, reviva y restablezca todo potencial muerto y los dones espirituales dentro de mí. Hoy resucitan todas aquellas cosas que murieron en la última temporada en mi interior y que fueron ordenadas para vivir.

En el nombre de Jesús, declaro que la sangre de Jesús me limpia de todas las iniquidades heredadas o adquiridas por mí mismo, incluidas las iniquidades generacionales, la adicción a la pornografía, el alcoholismo, todas las formas de perversión, adicciones al sexo, lujuria, masturbación, codicia, mentira, robo, trampa y engaño.

Reprendo y resisto toda asignación generacional de iniquidad que intente capturar mi vida. No seré atrapado ni esclavizado por problemas que capturaron a mis antepasados.

Declaro Joel 3:10 sobre mi vida. Hoy soy fuerte. Mi fuerza espiritual aumenta cada día.

En el nombre de Jesús, reprendo y resisto la debilidad espiritual. Soy fuerte en Su poder, mientras me enfrento a las tinieblas.

Dijiste que yo sería cabeza y no cola. Reprendo a todo espíritu de cola que esté operando en mi vida.

Ordeno a la tierra que suelte mis bendiciones ahora. La tierra no trabajará en mi contra, la tierra trabajará conmigo.

Que mi punto de burlas se transforme en milagro.

Permite que hoy se abran puertas inusuales de bendición y de favor que cambien el resto de mi vida.

Que todo hombre fuerte testarudo asignado contra mí, caiga al suelo y su estorbo se torne inoperante.

Que caiga todo espíritu de Balaam designado para maldecirme.

Que sea derrotada la fortaleza de los espíritus de Coré, Datán y Abiram que se hayan movilizado contra mí.

En el nombre de Jesús, sea derrotado todo espíritu de Sanbalat y Tobías que planee el mal contra mí.

Derrota todo espíritu de Goliat que esté intentando operar contra mí, mi familia o mi nación.

En el nombre de Jesús, que sea derrotado todo espíritu de difamación de carácter.

Que sean derribadas todas las manipulaciones satánicas dirigidas a cambiar mi destino.

Que se frustre todo espíritu de escáner, mal de ojo y tercer ojo del médium. Que no logren localizarme mientras habito en el lugar secreto del Dios Altísimo.

Ordeno que se rompe toda asignación maligna de retroceso dirigidas a obstaculizar mi avance.

Que se expongan por lo que son todos los malos consejos en contra de mi favor.

Cancelo todo encantamiento, maldición, maleficio, vejación, hechizo y encantamiento que hayan sido enviados en mi contra.

Oraciones de Rompimiento, Decretos y Confesiones

En el nombre de Jesús, permite que todas las maldiciones fuertes como el hierro se rompan en pedazos.

Resisto toda asignación de fracaso espiritual. Todo ciclo de debilidad que opera en mi vida se rompe hoy y todos los días.

14. Oraciones Pidiendo Revelación

Señor, en el Salmo 32:8 (NTV) dijiste: "Te guiaré por el mejor sendero para tu vida; te aconsejaré y velaré por ti". Cuídame y guíame hoy y todos los días.

Según Proverbios 3:5, confío completamente en el Señor y no dependo de mi propio conocimiento.

Señor, haz que yo esté completamente seguro de lo que quieres, dándome la sabiduría y el entendimiento espiritual que necesito (Colonenses 1:9).

"Él revela lo profundo y lo escondido, conoce lo que está en tinieblas y con él mora la luz" (Daniel 2:22 RVR-1995). Dios, desata gran revelación sobre mi vida hoy.

En base a Efesios 1:17, decreto que el Dios de nuestro Señor Jesucristo, el Padre de Gloria, me está dando el espíritu de sabiduría y de revelación en el conocimiento de Él.

"El secreto del Señor es para los que le temen; a ellos hará conocer su pacto." (Salmo 25:14 RVA-2015). Señor, que los beneficios y las bendiciones de pacto me sean entregados hoy y todos los días.

"Las cosas secretas pertenecen al Señor nuestro Dios, pero las reveladas son para nosotros y para nuestros hijos, para siempre, a fin

ORACIONES DE ROMPIMIENTO, DECRETOS Y CONFESIONES

de que cumplamos todas las palabras de esta ley." (Deuteronomio 29:29 RVA-2015). Señor, revélame hoy los secretos de Tu corazón.

Decreto hoy sobre mi vida Jeremías 33:3. A medida que clamo a ti Señor, me mostrarás cosas grandes y poderosas que no conocía. Recibiré descargas de revelación mientras clamo a ti.

Señor, te doy gracias por el poder de revelación del Espíritu Santo.

Señor, abre mi entendimiento espiritual y enséñame cosas profundas y secretas.

Señor, guíame y dirígeme para saber lo que tienes en mente con respecto a mi familia, ministerio, ciudad y nación.

Rechazo todos los apegos satánicos que intenten confundir mis decisiones.

Ato todas las actividades de lujuria, obsesión impía, presión familiar impía, manipulación demoníaca en sueños y visiones, todo apego a la toma de decisiones incorrectas, revelaciones confusas, ceguera y sordera espiritual, consejos inútiles, así como la impaciencia impía.

Señor, que el plan que pongas delante de mí sea claro.

Señor, Tú eres quien revelas los secretos. Haz que yo entienda lo que has elegido para mí en cada área de mi vida.

Espíritu Santo, abre mis ojos y ayúdame todos los días a tomar las decisiones correctas.

Señor, te agradezco por los testimonios que seguirán a estas oraciones.

15. Dominio y Victoria

Decreto que este es el día de bendiciones, fructificación, multiplicación, reabastecimiento (abundancia, saciedad, consagración, armamento, satisfacción), sometimiento y conquista.

Tomo autoridad sobre cada asignación de decepción que está tratando de vencerme.

En el nombre de Jesús, ato y arranco de mi vida todo espíritu de esperanza diferida, falta de expectativa y desánimo.

Oro para que cualquier porción que se me deba desde la creación sea liberada hoy y todos los días.

Decreto que la creación cooperará con la voluntad de Dios que está sobre mi vida, mi familia, mi ministerio y mi ciudad. Decreto que estoy progresando. Mi vida es cada vez mejor. Mi calidad de vida reflejará las bendiciones y el favor del Señor.

Decreto que cualquier asignación del infierno que haya estado operando en contra del propósito de Dios sobre mi vida, comunidad, familia e iglesia, será destruida por el ángel del Señor.

Oro para que se restaure plenamente el diseño original de Dios para el hombre.

Oraciones de Rompimiento, Decretos y Confesiones

Oro por la restauración del dominio sobre la creación, tal como Dios lo destinó. Decreto que caminaré en dominio en cada área de la vida, tal y como fue destinado por Dios.

Decreto que Jesús se levantará y brillará como la estrella resplandeciente de la mañana en mi vida, corazón, ministerio, familia, ciudad, región y nación (Apocalipsis 22:16). Señor, te pido que te levantes en mayor medida y grado. Abro mi corazón y digo: "Oh, Señor, ¡levántate en mí!"

Cancelo todas las asignaciones del dragón, la serpiente y la bruja marina, incluyendo todas las palabras (aguas) que han salido de sus bocas para inundarme a mí, a mi familia, ciudad, comunidad y a mi nación.

Oro para que la tierra abra su boca y se trague todas las aguas que el dragón ha arrojado para inundarme. La creación no operará en mi contra.

> *Luego el dragón trató de ahogar a la mujer con un torrente de agua que salía de su boca; pero entonces la tierra ayudó a la mujer y abrió la boca y tragó el río que brotaba de la boca del dragón.*
> **Apocalipsis 12:15–16**

Decreto que las estrellas en el cielo reflejarán la estrella resplandeciente de la mañana, ¡Jesús! La creación no operará en mi contra. La creación proclamará las alabanzas de Dios, y no habrá palabra o lenguaje en el que no se escuche Su voz.

Oro para que cada mensajero humano del Reino, llamado a promover el mandato de Dios en la tierra, refleje la gloria del Señor y camine con rectitud, justicia y pureza.

Señor, te doy las gracias porque creaste a la humanidad para que caminara en dominio sobre toda cosa creada.

Señor, te doy las gracias porque este no es solo el día que has hecho, es el día de la multiplicación, restitución de la abundancia y del sometimiento de todas las cosas bajo Tu gobierno. Espíritu Santo, te pido que me enseñes a mí y a mi familia cómo hacer realidad estos valores en nuestra vida cotidiana.

Señor, te doy las gracias porque eres amor. No hay otro amor que pueda ser tan completo como el amor de Dios. Oro para que Tu amor se manifieste cada vez más en las relaciones en mi territorio, comenzando conmigo.

Señor, te doy las gracias porque tu amor es redentor. Tu amor por mí te hizo asegurar la salvación del mundo a través de la sangre derramada de Jesús.

Decreto que la tierra manifestará todo lo que necesito para obtener éxito en mi destino ordenado por Dios.

Permite que la aurora surja en los corazones de todos los verdaderos hombres y mujeres de Dios para llevar esperanza y consuelo a las familias, ciudades y comunidades.

Decreto que todos los hijos falsos del amanecer, aquellos que se proyectan a sí mismos como la luz de la nación, pero que son del diablo, sean humillados y derribados. Que los falsos hermanos de la Iglesia sean expuestos.

Hoy nacerá todo lo que necesite nacer para que el plan de Dios que está sobre mi vida avance — individualmente y para mi nación— y nacerá en el momento apropiado.

ORACIONES DE ROMPIMIENTO, DECRETOS Y CONFESIONES

Señor, te pido que rescates a los ciudadanos del Reino y a sus familias de todos los que les odian. Reprendo todo espíritu del anticristo.

Señor, oro para que los representantes en cada puerta de la sociedad, aquellos que son reyes y sacerdotes ante Ti, se levanten y ocupen sus lugares. Oro para que des revelación a aquellos que no reconocen su función como representantes del Reino en nuestras familias, ciudades y naciones.

Señor, me arrepiento por abusar de mi posición y exponer al pueblo a un espíritu falso. Oro para que el espíritu de arrepentimiento que proviene de Ti caiga sobre cada mensajero del Reino que esté abusando de su posición de autoridad y esté exponiendo al pueblo a un espíritu falso.

Señor, libera a Tu Iglesia. Haz que Tu Iglesia vuelva a su identidad como casa de oración para todas las naciones. Haz que Tu Iglesia vuelva al lugar de buscarte apasionadamente por encima de todo. Libera a Tu Iglesia de la religión y del comportamiento del reino falso. Que la Iglesia se acerque a Ti con manos limpias y un corazón puro.

16. Incrementando La Productividad

Ordeno que se enmudezcan las voces de todos mis opresores, críticos y detractores.

Decreto juicio sobre cada asignación de iniquidad que opere en contra de mi vida, ministerio, familia y finanzas.

Decreto que esta es mi temporada de ver las promesas de Dios manifestadas en mi vida.

Decreto que la bondad y la misericordia me siguen. Dios ha determinado que me compensaría con cosas buenas. Permite que las cosas buenas se manifiesten a mi alrededor.

Hablo vida sobre cada plan que he comenzado. Decreto que cada proyecto que he iniciado vivirá el período de vida divinamente ordenado (ver Eclesiastés 3:1) y no morirá prematuramente.

Decreto que estoy redimiendo mi tiempo. No perderé el tiempo y, mi productividad en los propósitos de Dios para conmigo, aumentará continuamente.

Oraciones de Rompimiento, Decretos y Confesiones

En el nombre de Jesús, que el tiempo de derroche que esté operando en mi vida sea expuesto.

En el nombre de Jesús, ordeno que cada relación tóxica en mi vida es expuesta. Señor, envíame relaciones que me animen y me apoyen.

Señor, te pido nuevos comienzos. Te pido que bendigas cada esfuerzo que haya comenzado de acuerdo con Tu propósito. Permite que el fundamento de mi día refleje Tu Reino. Que haya una demostración de rectitud, justicia y equidad en mi vida.

Señor, ayúdame a vigilar mi boca para que solo diga lo que hará que Tu Reino venga en cada situación.

Dame palabras que edifiquen y cumplan Tu propósito en mi vida. Señor, haz esto para con todos los creyentes.

Señor, pon tus palabras en mi boca para que diariamente plante los cielos y establezca los cimientos de la tierra. Señor, dame las palabras para moldear este día de acuerdo con Tus propósitos.

Me niego a pronunciar palabras que liberen asignaciones de demonios contra mí.

Señor, te pido la redención del tiempo. Me arrepiento de cualquier área en la que he perdido o malgastado el tiempo en los últimos días.

Señor, ayúdame a comprender el valor de usar el tiempo de manera adecuada; incluso por encima de todo, apartar tiempo y utilizarlo para Tus propósitos.

Señor, ayúdame a programar mis actividades de acuerdo con Tu horario. Espíritu Santo, ayúdame a ser obediente para ajustar mi tiempo de acuerdo con Tus propósitos.

Que la unción de Isacar sea desatada sobre mi vida hoy y todos los días, para que pueda entender los tiempos y las estaciones y lo que debo hacer de acuerdo con 1 Crónicas 12:32.

Señor, lléname de la naturaleza del Cordero según Apocalipsis 5, para hacer lo que ha sido imposible en el pasado, especialmente en el área de Tu voluntad para mi vida.

Señor, dame humildad como el Cordero. Dame un espíritu gentil para que te obedezca.

Señor, dame perspicacia y revelación al entrar en la noche. Protege mi mente y mi alma mientras descanso.

Señor, dame sueños y visiones del Reino mientras descanso esta noche y todas las noches. En el nombre de Jesús, paro el crecimiento de cada semilla maligna que el enemigo intente plantar en mi vida mientras duermo esta noche.

Señor, dame sueños creativos mientras duermo. Dame descargas creativas a lo largo del día.

En el nombre de Jesús, tomo el control de la puerta de la noche. El enemigo no tomará el control de ninguna parte de la noche en mi vida, mi familia y mi ciudad, ya sea que esté despierto o dormido. Despertaré renovado, lleno de creatividad y productividad. Fui creado para poseer las puertas del enemigo.

ORACIONES DE ROMPIMIENTO, DECRETOS Y CONFESIONES

Ordeno a la noche que revele el conocimiento de la gloria de Dios. Rechazo toda forma de conocimiento que provenga del ocultismo, la brujería, la adivinación o los trances demoníacos.

17. Desatando El Juicio Y La Vindicación Del Señor

Libero juicio sobre los perversos que planean eventos malvados durante las horas de oscuridad.

Señor, conserva los frutos de mi vida. Hablo productividad sobre mi vida y mis esfuerzos.

Decreto la preservación de mi territorio y los propósitos de Dios en mi territorio.

Señor, clamo por la vida de nuestros hijos y familias. Oro por nuestros barrios y comunidades.

Señor, protege a las familias de nuestras iglesias. Que los matrimonios sean fuertes. Empuja a las familias hacia sus destinos. Señor, visita el fundamento de cada familia.

Señor, haz algo nuevo tanto en los hombres como en las mujeres. Oro para que encuentren su identidad en Dios y no en las modas temporales del mundo. Permite que los hombres y las mujeres oprimidos experimenten la reivindicación y la libertad al ocupar sus lugares en Tu Reino.

ORACIONES DE ROMPIMIENTO, DECRETOS Y CONFESIONES

Señor, empuja mi familia hacia su destino. Revela cada propósito de redención para mi familia. Muéstrame exactamente por qué nos creaste como lo hiciste, por qué estableciste nuestra habitación y nuestros límites de la manera en que lo hiciste. Señor, muéstranos por qué nos equipaste de cierta manera, y la forma en la cual podemos aprovechar ese equipamiento para cumplir Tus propósitos.

Envío el juicio del Señor sobre todo espíritu de maldad en la tierra. Decreto que la Palabra de Dios se establecerá en la tierra, lo que dará como resultado ser libre de la injusticia y de toda opresión. Decreto castigo para los impíos en los lugares altos. Decreto que los ídolos y las fuerzas del mal en la tierra recibirán su porción de juicio del Señor.

Señor, Tú eres el juez justo. Que todo hombre y mujer que hayan sido encarcelados injustamente, sean reivindicados.

NOTAS

PARTE II
COMPROMISO DE AVANCE

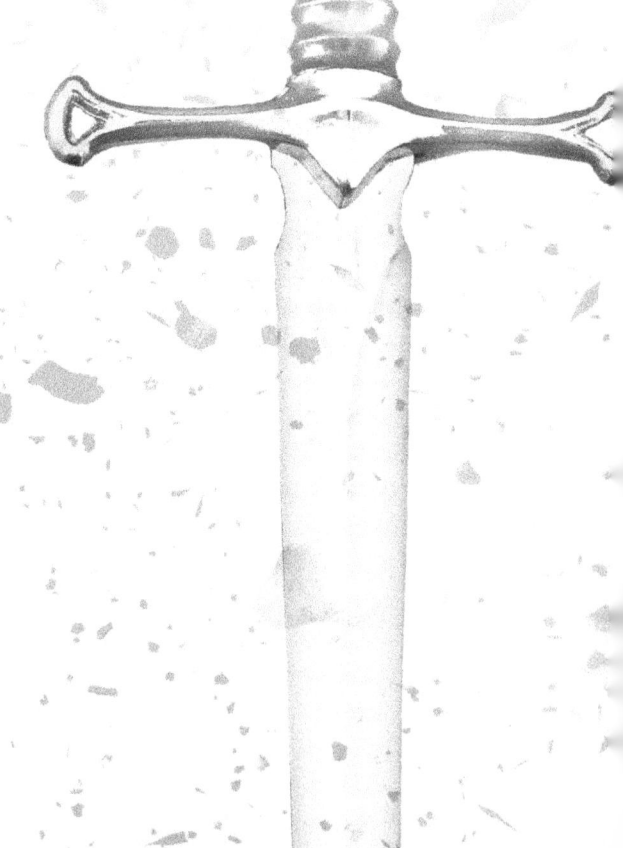

ORACIONES DE ROMPIMIENTO, DECRETOS Y CONFESIONES

PARTE II

18. ENTENDIENDO LAS VIGILIAS DE ORACIÓN

En la creación, Dios estableció el orden del tiempo en días y noches, el cual gobierna el patrón diario de nuestras vidas. Aunque siempre debemos orar, hay momentos durante el día y la noche en los cuales emerge una función específica para lograr los propósitos del Reino de Dios. Fue durante la última vigilia de la noche, por ejemplo, que Dios liberó a los israelitas de Egipto: "Y sucedió que, en la vigilia de la mañana, el Señor miró al ejército de los egipcios a través de la columna de fuego y de la nube y turbó al ejército de los egipcios" (Éxodo 14:24). Al observar en oración las cuatro vigilias del día y las cuatro vigilias de la noche, también podremos participar en los propósitos del Reino del Señor.

Encontramos varias palabras en las escrituras que describen los vigilantes; uno de ellos es la palabra hebrea *ashmurah*[1], que significa "vigilia" o "período de tiempo". Se usa para la vigilia nocturna, como en el Salmo 119:148 (NTV): " Se anticiparon mis ojos a las vigilias de la noche, para meditar en tus mandatos.". Jesús mismo hizo esto en Mateo 14:23, cuando oró solo durante la noche antes de regresar a sus discípulos de una manera asombrosa: "Y a la cuarta vigilia de la noche, vino hacia ellos andando sobre el mar" (versículo 25). Que el entendimiento de los tiempos sea liberado sobre ti mientras te esfuerzas por convertirte en un practicante eficaz de la oración y así ver más respuestas a tus oraciones.

---

[1] *Concordancia Strong Exhaustiva*

División de las Vigilias de la Noche[2]

Primera vigilia de la noche: 6:00 p.m. - 9:00 p.m.
Segunda vigilia de la noche: 9:00 p.m. -12:00 m.
Tercera vigilia de la noche: 12:00 p.m. - 3:00 a.m.
Cuarta vigilia de la noche: 3:00 a.m. - 6:00 a.m.

División de las Vigilias del Día

Primera vigilia del día: 6:00 a.m. - 9:00 a.m.
Segunda vigilia del día: 9:00a.m. -12:00 p.m.
Tercera vigilia del día: 12:00 p.m. -3:00 p.m.
Cuarta vigilia del día: 3:00 p.m. - 6:00 p.m.

---

[2] *Bako, Abu, Praying Through The Gates of Time, 1977, 1978, 1984*

ORACIONES DE ROMPIMIENTO, DECRETOS Y CONFESIONES

PARTE II

19. PRIMERA VIGILIA DE LA NOCHE

6:00 P.M. A 9:00 P.M.

El ciclo de tiempo de Dios va desde la tarde a la mañana: "Y fue la tarde y la mañana el primer día" (Génesis 1:5). La tarde es el vínculo entre el día y la noche, y esta primera vigilia puede verse como una vigilia de transición entre los dos.

DISTINCIONES DE ESTA VIGILIA: UN TIEMPO PARA NUEVOS COMIENZOS

- Fue durante esta vigilia que Jesús partió el pan con sus discípulos para conmemorar su muerte. La primera vigilia es un tiempo para renovar nuestro pacto con Dios (comunión) y apropiarnos de la provisión a través del pacto de sangre.

- Esta vigilia carga una unción de liberación. El León de la tribu de Judá pudo romper todo yugo, incluidos los sellos del rollo que estaba en la mano de Dios, abriendo así el título de propiedad del universo (véase Apocalipsis 5:1-4). Ese León, sin embargo, apareció como un Cordero. La humildad es fuente de fortaleza para el Cordero de Dios, por eso, durante esta vigilia se puso una toalla alrededor de la cintura y lavó los pies de los discípulos.

- La actividad de la brujería es muy fuerte durante esta vigilia (véase Salmo 59:1–7; Ezequiel 13: 20–21). Las brujas a menudo se involucran en la práctica de la proyección astral,

    durante la cual tocan reinos de oscuridad. Esto se describe como el cuerpo astral que abandona el cuerpo físico y viaja a los reinos astrales, muy parecido a "volar". Otra forma de entender esta práctica son las almas de las brujas que se conectan al segundo cielo en busca de poder e información. La primera vigilia es el momento más activo para que las brujas se involucren de esta manera, porque pretenden apoderarse de las puertas del día. Este es el período para orar y silenciar todas las voces de los opresores y para emitir juicio sobre los malvados.

- Ora por cada proyecto que hayas comenzado. Decreta que cada proyecto que inicies vivirá el tiempo divinamente ordenado (véase Eclesiastés 3:1) y no morirá prematuramente.
- Este es un momento para redimir el tiempo. Pide al Señor que te muestre cómo redimir los tiempos y las temporadas que hayas perdido en tu vida y ministerio. Ora proféticamente para determinar quién entra y consume tu tiempo. Ora contra los que te hagan perder el tiempo.
- La base de la sociedad son las familias. La base de una iglesia saludable son las familias. Cuando las familias están alineadas con Dios y siguen patrones rectos, se refleja en la sociedad. Este es un momento para orar por las familias.

ORACIONES, DECRETOS Y CONFESIONES

Señor, te pido nuevos comienzos. Te pido que bendigas cada proyecto que he comenzado de acuerdo con Tu propósito. Permite que el fundamento de mi día refleje Tu Reino. Que haya una demostración de rectitud, justicia y equidad en mi vida.

Oraciones de Rompimiento, Decretos y Confesiones

PARTE II

Señor, ayúdame a vigilar mi boca para que pueda hablar solo lo que hará que Tu Reino venga en cada situación.

Dame palabras que edifiquen y fortalezcan Tu propósito en toda la creación. Haz esto para con todos los creyentes.

Pon Tus palabras en mi boca para que plante los cielos y eche los cimientos de la tierra para el día de hoy. Señor, dame las palabras para moldear este día de acuerdo con Tus propósitos.

Señor, te pido que redimas el tiempo. Me arrepiento de cualquier área en la que he perdido el tiempo o malgastado el tiempo en los últimos días.

Señor, ayúdame a comprender el valor de usar el tiempo de manera adecuada, incluyendo apartar tiempo y usarlo para los propósitos de Tu pacto por encima de todo lo demás.

Señor, ayúdame a programar mis actividades de acuerdo con Tu horario. Espíritu Santo, ayúdame a ser obediente para ajustar mi tiempo de acuerdo con los propósitos de tu pacto para mi vida.

Señor, permíteme llenarme de la naturaleza del Cordero, Apocalipsis 5, para hacer lo que ha sido imposible en el pasado, especialmente en el área de Tu voluntad para mi vida.

Dame la humildad del Cordero. Dame un espíritu gentil para obedecerte.

Dame discernimiento y revelación al entrar en la noche. Protege mi mente y mi alma mientras descanso.

Dame sueños y visiones del Reino mientras descanso esta noche. Arresto cada semilla maligna que el enemigo intente plantar en mi vida mientras duermo.

En el nombre de Jesús, tomo el control de la entrada de la noche. El enemigo no tomará el control de ninguna parte de la noche en mi vida, mi familia y mi ciudad, ya sea que esté despierto o dormido. He sido liberado de todas las asignaciones del enemigo durante este tiempo.

Señor, te pido que ángeles con espadas de fuego encendidas, defiendan las puertas de cada vigilia a mi favor.

Ordeno a la tierra que rechace cualquier orden del reino de las tinieblas enviada durante la noche contra mí, mi familia y mi iglesia.

Ordeno que se callen las voces de las brujas que quieren apoderarse de las puertas del día (Salmo 59:1-7; Ezequiel 13: 20-21). Ordeno que se rompa toda misión de brujas que hace volar el alma de los hombres.

Rompo la asignación de los espíritus de control mental que se manifiestan en delirios. Mis pensamientos son claros y no tengo alucinaciones. En el nombre de Jesús, ordeno a las asignaciones de control mental y de confusión mental que se vayan.

Señor, permite que Tu voz se libere y que callen todas las demás voces que hablan desde el reino de las tinieblas tratando de controlar el día.

Oraciones de Rompimiento, Decretos y Confesiones
Parte II

Ordeno a la noche que revele el conocimiento de la gloria de Dios y rechace cualquier otro conocimiento que este siendo expuesto. La noche no operará contra mí, mi familia o mi ministerio.

Libero el juicio sobre los perversos que planean eventos malvados durante las horas de oscuridad.

Señor, conserva los frutos de mi vida. Decreto fertilidad sobre mi vida y sobre mis esfuerzos.

Decreto la preservación de mi territorio y los propósitos de Dios en mi territorio. He sido ungido para andar en dominio sobre la tierra. Que se abran las puertas de mi ciudad para recibir al Rey de gloria.

Decreto que familias enteras vendrán a Ti, a través de los esfuerzos de evangelización de la gente del Reino.

Clamo al Señor por la vida de los niños y de las familias. Oro por los barrios y las comunidades de mi ciudad. En el nombre de Jesús, reprendo a los espíritus de violencia, asesinato y caos que intenten operar durante este tiempo y decreto que su poder está roto.

Le pido al Señor que preserve las familias en las iglesias de mi ciudad. Que los matrimonios sean fuertes. Señor, empuja a las familias hacia sus destinos. Señor, visita el fundamento de cada familia. En el nombre de Jesús, que las familias rotas sean sanadas y restauradas.

Oro por los hombres de mi comunidad. Señor, te pido que comiences algo nuevo entre los hombres. Oro para que los hombres encuentren su identidad en Dios y no en las modas temporales del mundo.

Oro para que los hombres regresen a Tus propósitos originales como líderes y protectores. Señor, dales sueños y visiones sobre el gran destino que has planeado para ellos.

Señor, empuja mi familia a nuestro destino. Revela cada propósito de redención para mi familia. Muéstranos exactamente por qué nos creaste como lo hiciste, por qué estableciste nuestra habitación y nuestros límites como lo hiciste. Señor, muéstranos por qué nos equipaste de ciertas maneras y cómo podemos aprovechar ese equipamiento para cumplir Tus propósitos.

Envío el juicio del Señor sobre todo espíritu de maldad en la tierra. Decreto que la Palabra de Dios se establecerá en la tierra, resultando en libertad contra la injusticia y toda opresión. Decreto que los impíos en los lugares altos de la tierra son castigados. Decreto que los ídolos y las fuerzas del mal en la tierra reciben su porción del Señor.

ORACIONES DE ROMPIMIENTO, DECRETOS Y CONFESIONES

PARTE II

20. SEGUNDA VIGILIA DE LA NOCHE

9:00 P.M. a 12:00 DE LA MEDIANCHE

La segunda vigilia de la noche es un tiempo para orar por el favor y la provisión. Éxodo 3:21–22 y los capítulos 11 y 12 muestran cómo Dios hizo que Israel tuviera favor con los egipcios; como resultado, Israel no salió de Egipto con las manos vacías, porque los egipcios le dieron a Israel todo lo que pidieron. "Y daré gracia a este pueblo ante los ojos de los egipcios. Y sucederá que cuando os vayáis, no iréis vacíos" (Éxodo 3:21). El apóstol Pablo también tuvo favor con sus captores durante esta vigilia:

> *El sobrino de Pablo le dijo:*
> *Unos judíos van a pedirle que usted lleve mañana a Pablo ante el Concilio Supremo, fingiendo que quieren obtener más información. ¡Pero no lo haga! Hay más de cuarenta hombres escondidos por todo el camino, listos para tenderle una emboscada. Ellos han jurado no comer ni beber nada hasta que lo hayan matado. Ya están listos, solo esperan su consentimiento.*
>
> *Que nadie sepa que me has contado esto —le advirtió el comandante al joven. Entonces el comandante llamó a dos de sus oficiales y les dio la siguiente orden: «Preparen a doscientos soldados para que vayan a Cesarea esta noche a las nueve. Lleven también doscientos lanceros y setenta*

hombres a caballo. Denle caballos a Pablo para el viaje y llévenlo a salvo al gobernador Félix.
Hechos 23:20–24

Ora por protección y fuerza para vencer.

DISTINCIONES DE ESTA VIGILIA: FAVOR DIVINO Y PROTECCIÓN

- La segunda vigilia de la noche fue la vigilia que Jesús guardó antes de su arresto (Mateo 26: 36-46). Jesús pidió a sus discípulos que velaran con Él mientras oraba en el huerto, pero los discípulos se durmieron durante este tiempo crítico. Mientras ores durante esta vigilia, pídele al Señor que libere un derramamiento del Espíritu de gracia, oración y súplica (Zacarías 12:10). Pídele que te ayude a estar despierto, velando en oración.

- Pide por un sentido de urgencia para cumplir Su voluntad, así como Israel comió la primera Pascua con sus abrigos puestos, para poder salir rápidamente de Egipto durante la segunda vigilia.

ORACIONES, DECRETOS Y CONFESIONES

Señor, te pido que envíes la manifestación del Espíritu Santo a cada nación para recordarle a la Iglesia la Gran Comisión - discipular a sus naciones para que regresen a Jehová.

Oro para que el sistema de creencias de las naciones se alinee con Tu Palabra, comenzando con mi nación.

ORACIONES DE ROMPIMIENTO, DECRETOS Y CONFESIONES

PARTE II

Que la unidad del Espíritu vuelva a la Iglesia en América; que no haya judío ni griego, ni esclavo ni libre, ni varón o hembra en Cristo. Todos somos uno. Que prevalezca la unidad.

Tú estableciste a América como un modelo para las naciones. Permite que América vuelva a Tu propósito original.

Permite que las naciones sean liberadas de los espíritus de humanismo e intelectualismo que les impiden venir al Señor.

En el nombre de Jesús, que todo sistema de creencias falsas sea expuesto en nuestras naciones.

Decreto el derrumbamiento de los sistemas de adoración falsos y ocultos. En el nombre de Jesús, que se rompa el poder de los altares antiguos.

Señor, despierta del letargo a la iglesia en cada nación. Despiértanos, Señor, del sueño y del embotamiento espiritual. Muéstranos dónde hemos resbalado y caído o dormido cuando el enemigo ha venido a sembrar cizaña en nuestros campos.

Señor, envía ángeles a patrullar mi territorio a medida que avanza la noche. Decreto que esta noche no se sembrará cizaña en mis campos. Aplico la sangre de Jesús sobre mi vida y mi herencia.

Señor, según tu voluntad, pido que se levanten nuevas redes de oración para que intercedan por las comunidades y las naciones. Decreto que estos tiempos de intercesión no serán religiosos ni legalistas. Decreto que estos serán tiempos en el cual el fuego del Señor saldrá de nuestros labios para consumir a nuestros enemigos.

En el nombre de Jesús, te pido que los actos de terrorismo planeados contra las naciones sean expuestos.

Señor, dame favor en cada cosa que emprenda en mi vida. Dame el favor de compartir el Evangelio y hazme un ejemplo de justicia, para que otros puedan ser atraídos a Ti a través de mi vida.

Señor, que el favor me rodee como escudo en todo momento. Que el favor rodee mi ciudad. Decreto que la tasa de violencia está disminuyendo en mi ciudad.

Señor, haz que los enemigos de la Iglesia en América comiencen a promover los propósitos proféticos de Dios para la Iglesia. Que el odre de la religión que ha escondido a la iglesia y distorsionado Tu voz se rompa ahora; y que el paradigma de la Iglesia cambie para reflejar el Reino que avanza.

En el nombre de Jesús, renuncio a toda asignación de pobreza generacional en mi vida.

En el nombre de Jesús, decreto que el favor divino de Dios cubre mi vida.

Señor, haz de mi vida un terror para mis enemigos. Conviérteme en brasas de fuego intocables que estén demasiado calientes para que las maneje el enemigo.

Jehová, tu adiestras mis manos para la batalla y mis dedos para la guerra (Salmos 144:1). En el nombre de Jesús, dame decretos proféticos que comiencen a romper cada fortaleza del enemigo en cada área de mi vida.

Oraciones de Rompimiento, Decretos y Confesiones

PARTE II

En el nombre de Jesús, que mis enemigos sean avergonzados.

Señor, te pido que liberes lo que necesito para que mi necesidad pueda ser suplida. Ábreme la puerta de los negocios. Úngeme con creatividad para que traiga riquezas a mi vida.

En el nombre de Jesús, que el fuego de Dios comience a destruir todo plan malvado que venga contra cualquier área de mi vida.

Señor, expón y avergüenza todos los planes de Satanás que haya ideado en mi contra a través de cualquier fuente y en cualquier momento.

En el nombre de Jesús, abandono todo pecado personal que haya cedido terreno al enemigo.

Reclamo el terreno que haya perdido ante el enemigo. ¡Esta es mi temporada de retribución!

En el nombre de Jesús, ordeno a todo espíritu de enfermedad que abandone mi vida ahora. Mi próxima cita con el médico reflejará la sanidad.

Libero milagros creativos en cada área de mi vida.

Ordeno al espíritu de destrucción que opera en contra de mí y mi familia, la iglesia y mi ciudad que se vaya ahora. En el nombre de Jesús, cancelo tu asignación.

En el nombre de Jesús, Señor, llévame desde donde estoy hacia donde Tú quieres que esté.

Señor, establéceme en la verdad, la santidad y la fidelidad.

Señor, te pido que añadas favor, incremento y rentabilidad a mi trabajo. Cosecho un incremento del ciento por uno en todo mi trabajo.

Reprendo a todo espíritu anti lucrativo que intente operar en mi contra. Estoy experimentando incremento y abundancia en cada área de mi vida.

Señor, libera las huestes angelicales a mi favor para que ataquen a todos los sistemas faraónicos que intenten aprisionarme a mí y a mis finanzas. Ya no seré cautivo de la pobreza. El incremento me llega hoy y todos los días.

Señor, tú cumples el número de mis días y sacias mi boca de bienes. Preserva mi vida de toda asignación de muerte y destrucción prematuras.

Decreto que mis hijos y mis nietos caminarán en favor sobrenatural todos los días de sus vidas. Mis hijos poseerán la tierra.

¡Mis hijos poseerán las puertas de sus enemigos!

Decreto que camino en abundancia sobrenatural, y que no faltará nada en mi casa. Mis hijos caminan en abundancia sobrenatural, y gozan del favor de Dios y del hombre.

Hoy y todos los días, Dios está saqueando a mis opresores; a mi casa no le faltará nada bueno. Decreto que hoy y todos los días reconozco mi temporada de favor sobrenatural y no perderé mi tiempo.

Caminaré en favor sobrenatural. Así como el rocío cae sobre el monte Hermón (Salmo 133:3), el favor sobrenatural cae sobre mí.

Oraciones de Rompimiento, Decretos y Confesiones

PARTE II

Decreto hoy cambios y rompimientos.

¡En el nombre de Jesús, ordeno que caiga todo muro de resistencia que esté contra mí!

Señor, según Juan 3:2, Tú deseas que prosperemos espiritual, física y materialmente. Pero a los que confían en el Señor no les faltará ningún bien. (Salmo 34:10).

En el nombre de Jesús, que todas las fuerzas demoníacas que retienen mis bendiciones sean derrotadas.

Envío de vuelta al remitente todas las maldiciones: pobreza, escasez, despidos, trabajos perdidos, problemas familiares, enfermedades, falta de crecimiento de la iglesia, falta de un edificio, matrimonios rotos, problemas financieros e hijos rebeldes, así como cosas no mencionadas.

En el nombre de Jesús, rompo el poder del espíritu de demora y de obstáculo y los echo fuera de mi vida.

En el nombre de Jesús, rechazo el espíritu de esclavitud y de esfuerzo arduo mal pagado o sin retribución. A partir de hoy, mi trabajo producirá provisión abundante para mi vida. Decreto que no trabajaré sin compensación; comeré del fruto de mi trabajo.

¡En el nombre de Jesús, rompo la asignación de los espíritus que vienen en contra de mi rompimiento!

En el nombre de Jesús, decreto que no habrá compromiso ni diálogo entre mí y mis enemigos.

Aplico la sangre de Jesús sobre el espíritu de Pisgá (retraso). Decreto que abriré paso en cada área del ministerio y de la vida. ¡A partir de hoy, mi vida pasará al siguiente nivel!

En el nombre de Jesús, reprendo cada asignación de fracaso.

Levántate, Dios, y sean esparcidos los enemigos de mi rompimiento.

¡Decreto que no trabajaré sin ser remunerado!

En el nombre de Jesús, que el fuego de Dios derrita cada piedra que esté obstaculizando mis bendiciones.

Señor, no permitas que lleve ninguna carga infructífera o pesada. Tu yugo es fácil y tu carga es ligera.

Señor, Tú sacias mi boca de bienes. Permite que Tu porción saciante me sea entregada hoy y todos los días.

¡Me niego a ser un vidente de bondad sin manifestación! ¡Decreto que esta es mi temporada de manifestación!

Señor, permite que a partir de hoy se manifiesten en mi vida las mega bendiciones, los mega favores y los cambios.

Ordeno la liberación de cada bendición programada para el día de hoy; que sean entregadas en mis manos.

Señor, llena la copa de mi vida hasta que se desborde. No viviré infeliz mis días en la tierra. Mi vida está llena de felicidad y alegría; mi copa rebosa.

Oraciones de Rompimiento, Decretos y Confesiones

PARTE II

¡En el nombre de Jesús, que cada fuerza demoníaca que detiene mi bienestar reciba ahora la flecha del fuego de Dios!

En el nombre de Jesús, rechazo todo "espíritu de cola". Decreto que las bendiciones de Deuteronomio 28:1–13 se manifiestan en mi vida hoy y todos los días.

Camino en la unción para finalizar. Terminaré este mes fuerte. Terminaré este año fuerte. Terminaré mi vida fuerte.

Señor, Tú eres el Alfa y la Omega; Señor, Tú perfeccionarás todo lo que me concierne.

Ordeno que se rompa todo poder del infierno que esté operando en contra de mí y de mi rompimiento.

Señor, véngame pronto de mis adversarios.

Señor, permíteme experimentar Tu justicia en cada área de mi vida. Prepárame una mesa en presencia de mis enemigos.

En el nombre de Jesús, cancelo toda demora demoníaca que retiene las manifestaciones de mis milagros.

En el nombre de Jesús, cancelo cada palabra secreta de demora que haya sido pronunciada sobre mi vida en el reino terrenal.

Señor, apresúrate a cumplir Tu palabra en cada área de mi vida.

En el nombre de Jesús, ordeno que haya turbulencia, reordenamiento, revisión, reorganización y desvío de situaciones y circunstancias que estén obstaculizando la manifestación de mis milagros deseados.

En el nombre de Jesús, ordeno a la tierra que ensanche mis bendiciones territoriales.

Ordeno a la creación que coopere conmigo y no contra mí.

Señor, engrandece mi nombre en la tierra para que yo pueda engrandecer Tu nombre.

Permite que me sean entregadas propiedades y los recursos para que pueda hacer avanzar Tu Reino en mi región.

En el nombre de Jesús, saqueo y anulo el poder de anti-testimonio, anti-milagros y anti-prosperidad que operan contra mí.

El Dios de Elías que responde con fuego, es mi Dios. El que da vida y llama a las cosas que no son como si fuesen, me responde con fuego. Que el fuego de Dios se desate en contra de mis enemigos.

En el nombre de Jesús, ordeno que todo plan y designio del mal contra mi vida sea anulado.

En el nombre de Jesús, me libero de toda tarea de estancamiento.

Señor, permite que tu fuego destruya todo lo que hace fracasar tus promesas en mi vida.

En el nombre de Jesús, rompo completamente el poder de las redes satánicas que estén operando en contra de mi fructificación.

Te doy gracias, Señor, por cada buen testimonio que vendrá en los próximos siete días como resultado de mis oraciones.

Señor, dame milagros que asombren a mis enemigos.

ORACIONES DE ROMPIMIENTO, DECRETOS Y CONFESIONES

PARTE II

En el nombre de Jesús, me libero de todas las limitaciones impuestas sobre mis dones y habilidades. Que se descubra toda conspiración demoníaca contra mí. Mis enemigos caerán en las trampas que hayan tendido contra mí. Cada confederación demoníaca que opera en mi contra es derrotada hoy y todos los días.

21. Tercera Vigilia De La Noche

12:00 DE LA MEDIANOCHE A 3:00 A.M.

Esta vigilia es un tiempo de transición que ocurre cuando el sueño profundo cae sobre toda persona y la actividad demoníaca se intensifica. El diablo opera durante esta vigilia porque sabe que la gente está dormida y hay menos que están despiertos para oponerse a él. Esta vigilia lleva una unción para operar en el Espíritu de Dios y anular los decretos impíos.

DISTINCIONES DE ESTA VIGILIA: TOMANDO AUTORIDAD SOBRE EL ENEMIGO

- Esta vigilia es un momento para derribar estructuras impías y emitir juicio sobre tus enemigos. La plaga de muerte fue desatada sobre Egipto a la medianoche y mató al primogénito de los egipcios (Éxodo 11-12). A la medianoche, Sansón se apoderó de las puertas y de los postes de la ciudad de Gaza, los levantó y los llevó sobre sus hombros (Jueces 16: 3).

- En esta vigilia desmantelamos las asignaciones malignas en el gobierno y dentro de la esfera social. En esta vigilia se desata

ORACIONES DE ROMPIMIENTO, DECRETOS Y CONFESIONES

PARTE II

- una unción para poseer las puertas de tus enemigos de una manera nueva.

- Durante esta vigilia, se libera un gran gozo y unción: "A la medianoche me levanto para darte gracias por tus justos juicios" (Salmo 119: 62 RVA-2015).

- Rut se acostó a los pies de Boaz en el campo durante esta vigilia (Rut 3:8). "A la medianoche se oyó gritar: "¡He aquí el novio! ¡Salgan a recibirle!" (Mateo 25:6). Ora por los matrimonios y las relaciones.

- La vigilia de la medianoche es un tiempo de observar cuidadosamente (Marcos 13:32–35) y un tiempo para pedir, buscar y llamar (Lucas 11:5–13). Ora para que seas liberado de tus enemigos, como lo hicieron Pablo y Silas (Hechos 16:25). Durante esta vigilia, puedes operar en una unción más profunda para defender tu caso en oración.

> *No tengas miedo de los terrores de la noche ni de la flecha que se lanza en el día. No temas a la enfermedad que acecha en la oscuridad, ni a la catástrofe que estalla al mediodía. Aunque caigan mil a tu lado, aunque mueran diez mil a tu alrededor, esos males no te tocarán. Simplemente abre tus ojos y mira cómo los perversos reciben su merecido. Si haces al Señor tu refugio y al Altísimo tu resguardo, ningún mal te conquistará; ninguna plaga se acercará a tu hogar. Pues él ordenará a sus ángeles que te protejan por donde vayas.*
>
> **Salmos 91:5–11**

- Debido a que los humanos a menudo experimentamos niveles más profundos de sueño, los ladrones demoníacos operan durante este tiempo. Este es el momento de levantarte y atrapar al ladrón que intenta operar en tu campo. Desata juicio sobre el ladrón y recibe la retribución, porque cuando el ladrón es atrapado, debe restaurar tu pérdida siete veces (Proverbios 6:31). La multiplicación y el incremento son un principio de restauración, no solo de recuperar lo perdido o lo tomado. La restauración también incluye la retribución, el retorno divino de lo que se te debe.

ORACIONES, DECRETOS Y CONFESIONES

Hablo paz sobre cada situación de turbulencia y confusión que esté tratando de abrumarme.

A la medianoche, Pablo y Silas fueron liberados de la cárcel y Sansón llevó las puertas. ¡Decreto que esta noche seré liberado de todas las cárceles!

Señor, te pido un mayor nivel de concentración y de enfoque para poder gobernar eficazmente en medio de mis enemigos.

En el nombre de Jesús, ordeno que las voces malignas que susurran en mi vida sean silenciadas.

En el nombre de Jesús, ordeno que las huestes de maldad que se hayan reunido contra mí sean esparcidas y nunca más se reagrupen.

En el nombre de Jesús, ordeno que las fuerzas de anti-testimonio formadas contra mi vida sean dispersadas por el trueno de Dios. Que nunca se reagrupen contra mí.

En el nombre de Jesús, reprendo a las confederaciones demoníacas que intentan operar en mi contra.

ORACIONES DE ROMPIMIENTO, DECRETOS Y CONFESIONES

PARTE II

En el nombre de Jesús, rechazo la libertad parcial o temporal; declaro que soy completamente libre.

Rompo el poder de cualquier hechizo demoníaco lanzado contra mi vida.

Rompo el poder de toda asignación maligna que impida que mis milagros se manifiesten, cancelo su asignación.

En el nombre de Jesús, mi lengua se convierte en un instrumento de gloria.

En el nombre de Jesús, mis manos se convierten en instrumentos de la prosperidad divina.

En el nombre de Jesús, mis ojos se convierten en instrumentos de revelación divina.

En el nombre de Jesús, reprendo a los agentes de demora demoníaca y cancelo su asignación.

En el nombre de Jesús, ordeno a los agentes de democión, demora, derrota, frustración, vejación y enfermedad, que cesen toda operación contra mí.

Voy de gloria en gloria y de bendición en bendición. No caigo de la gracia. Mi vida mejora cada día.

En el nombre de Jesús, cancelo el poder de los agentes de confusión, atraso y fracaso, y ordeno que cesen sus operaciones contra mí, mi familia, mi iglesia y mi ciudad.

En el nombre de Jesús, ordeno que se vayan los espíritus de escáner, espionaje y espíritus que distorsionan las palabras confundiendo mi mente y traen el caos.

Decreto la terminación de cualquier asignación de "casi llegar", al "borde del rompimiento" o "tan cerca" de un milagro.

Reprendo a los espíritus de decepción y de esperanza diferida.

En el nombre de Jesús, son nulos los efectos de cualquier apego maligno.

Señor, unge mi vida para recibir múltiples bendiciones.

Rechazo todo espíritu de vergüenza financiera. Reprendo las asignaciones de no tener suficiente. Decreto que la abundancia fluye en mi vida hoy y todos los días.

En el nombre de Jesús, reprendo a los espíritus de robar a Dios que intenten operar contra mí.

Me libero de todas las maldiciones familiares a consecuencia de haber robado a Dios, y que están reforzando los problemas financieros en mi vida.

En el nombre de Jesús, ordeno a todos los poderes que tienen posesión de mis finanzas que las liberen ahora.

En el nombre de Jesús, me levanto en contra de cada sueño de derrota.

En el nombre de Jesús, decreto que las piedras de oprobio que operan en mi contra son derrotadas.

ORACIONES DE ROMPIMIENTO, DECRETOS Y CONFESIONES
PARTE II

Las asignaciones del infierno que operan en mi contra, mi familia y mi ministerio para traer vergüenza, hoy son derrotadas por el brazo fuerte del Señor.

Señor, rasga los cielos y revélame los tesoros escondidos.

Señor, dame revelación que acelere mi vida.

Señor, permite que la unción de santidad caiga sobre mi vida.

Hoy poseo las puertas del enemigo.

Decreto y reclamo hoy un mayor grado de visión y sabiduría.

Señor, envía a tus ángeles a luchar por mí.
Camino en la seguridad divina y me niego a caer en cualquier trampa del enemigo.

Señor, sé mi lugar secreto y protégeme del mal en cada área de mi vida.

Señor, rodéame con cánticos de liberación y déjame escuchar Tu cántico.

En el nombre de Jesús, rompo el poder de todos los desafíos malignos que hay sobre mi vida.

Envío de vuelta todas las flechas de fuego del infierno que hayan sido lanzadas contra mí, mi familia y mi iglesia.

En el nombre de Jesús, ordeno que se apaguen todos los fuegos extraños preparados por el enemigo, ya sean en el segundo cielo, en la tierra o debajo de la tierra.

En el nombre de Jesús, que toda lengua maligna que proclame destrucción sobre mi vida sea condenada.

En el nombre de Jesús, ato a los espíritus de engaño que están operando en contra de mi vida.
En el nombre de Jesús, Señor, limpia mi mente de todo pensamiento doloroso y destructivo.

En el nombre de Jesús, me libero de toda mordedura de serpiente y su veneno. Aplico la sangre de Jesús sobre mi vida y declaro sanidad sobre las heridas demoníacas que he recibido.

En el nombre de Jesús, ordeno al espíritu de Pitón que se desenrolle de mí, de mi familia, mi iglesia y mi ciudad.

Rompo el poder de todos los rituales malignos que están siendo dirigidos hacia mí.

Rompo el control de cualquier poder maligno sobre mí.

Ato el espíritu de caracol que me impide avanzar en el tiempo.

Ato todo espíritu de demora y fracaso en mi progreso.

Ato todas las fortalezas que operan en mi vida.

En el nombre de Jesús, ordeno que todas las maldiciones emitidas contra mí sean aplastadas y quebrantadas.

Oraciones de Rompimiento, Decretos y Confesiones

PARTE II

Recibo sanidad y restauración total en mi cuerpo.

En el nombre de Jesús, ato al hombre fuerte que está sobre mi familia, mi iglesia y mi ciudad.

Señor, permite que todos los amigos perversos cometan errores para que sean expuestos.

Que los hombres fuertes de ambos lados de mi familia comiencen a luchar hasta destruirse a sí mismos.

Que los secretos de los enemigos ocultos y los que estén al descubierto sean revelados. Señor, revela cualquier Judas que esté en mi vida.

Señor, recorre cada segundo de mi vida y sana cualquier área donde el espíritu de trauma esté escondido.

Señor, líbrame de todos los pecados e iniquidades generacionales que estén operando en mí.

Señor, líbrame de las asignaciones demoníacas de rechazo que me fueron transferidas en el vientre de mi madre.

Señor, líbrame de cualquier maldición o dedicación maligna que se pronunció sobre mí al nacer.

Señor, líbrame de todo velo de superstición que cubrió mi rostro al nacer. No estoy escondido, soy descubierto. Cada velo demoníaco que estaba sobre mí al nacer es removido ahora en el nombre de Jesús.

En el nombre de Jesús, rompo el acuerdo con el poder de las obras de las tinieblas que operan en mí y a través de mí.

En el nombre de Jesús, desato sobre mi vida la unción de *shamar*. Todo lo que está relacionado conmigo está sellado por la sangre de Jesús. Ordeno que todo lo que haya sido robado de mi vida, me es devuelto. ¡Estoy en mi temporada de retribución!

Por la autoridad y el poder de la sangre de Jesús, ordeno a cada ladrón que opera en mi vida que me devuelva lo que me robó y me pague un tributo siete veces mayor.

La sangre de Jesús es mi escudo contra los poderes de las tinieblas que vengan contra mí.

En el nombre de Jesús, ordeno a cada problema de pecado obstinado que opera en mi vida que se vaya.

En el nombre de Jesús, soy libre del cautiverio.

Por el poder de la sangre de Jesús, ordeno que cada lugar herido de mi alma sea sanado.

En el nombre de Jesús, me deshago de toda carga de preocupación; recibo el gozo del Señor hoy.

No estaré ansioso por nada. Recibo la paz de Dios hoy y todos los días.

En el nombre de Jesús, revierto cualquier daño hecho a mi vida desde el nacimiento.

Oraciones de Rompimiento, Decretos y Confesiones

PARTE II

En el nombre de Jesús, ordeno que se vaya todo espíritu que tenga cautivo mis dones. Estoy funcionando plenamente en mi identidad de Reino.

En el nombre de Jesús, ordeno que se vayan los espíritus vagabundos que intenten operar en mi vida. Soy firme en la casa de Dios y no seré desarraigado.

En el nombre de Jesús, me libero de cualquier espíritu de orfandad que esté operando en mi vida.

En el nombre de Jesús, ordeno al espíritu de estancamiento que se vaya de mi vida.

Soy más que vencedor por la sangre del Cordero y por las palabras de mi testimonio. Testifico a la atmósfera que soy libre, y todo aquel que el Hijo del hombre liberare, es verdaderamente libre.

En el nombre de Jesús, ordeno a cada desperdiciador de tiempo, que se vaya de mi vida.

Envío el juicio del Señor sobre todo espíritu de maldad en la tierra. Decreto que la palabra de Dios se establecerá en la tierra, lo que resultará en ser libres de la injusticia y de toda opresión. Señor, decreto castigo para los impíos en los lugares altos de la tierra. Decreto que los ídolos y las fuerzas del mal en la tierra recibirán su porción de parte del Señor

Señor, que los ángeles del cielo intervengan a mi favor.

Señor, basado en el Salmo 119:62, te doy gracias por la vida y por Tu palabra, que me da esperanza cada día.

Señor, muévete de una nueva manera en mi vida, iglesia, familia y economía.

Señor, te doy gracias porque ahora estoy despierto para orar por mi familia y por mi territorio.

Decreto lo que está escrito en el Salmo 68:1. Señor, levántate y que todos los enemigos de mi propósito y destino sean esparcidos.
Señor, te pido que soples a mis enemigos como al humo, Permite que tu viento se los lleve.

Dios, te pido que aplastes la cabeza de tus enemigos, según el Salmo 68:21.

Señor, te pido que me muestres Tu poder, según el Salmo 68:28.

Señor, te doy gracias que toda autoridad y liderazgo provienen de Ti. Gracias por los líderes de mi familia, iglesia y nación que son ciudadanos de Tu Reino.

Señor, levanta una nueva generación de liderazgo recto para que lideren mi ciudad y mi nación.

Despiértame del sueño para que pueda ver al ladrón que ha venido a robar, matar y destruir.

Señor, muéstrame todas las áreas en las que el enemigo me ha robado para evitar que cumpla con mi mandato del Reino. Ayúdame a

ORACIONES DE ROMPIMIENTO, DECRETOS Y CONFESIONES

PARTE II

caminar en humildad y arrepentimiento. Ayúdame a volver a mi primer amor, al lugar más alto de mi vocación.

Líbrame de todas las áreas en las que he estado atado debido a problemas de pecado personal o generacional.

Declaren los cielos la gloria de Dios y alaben a Dios, ya que Él los creó para Su voluntad. Según los Salmos 50 y 89, ordeno a los cielos que ignoren cualquier otra proclamación contraria a complacer, glorificar y alabar a Dios que los creó.

Señor, gracias porque mi vida es una vasija que carga Tu presencia.

Señor, te pido que me liberes de la somnolencia espiritual y del sueño espiritual.

Señor, arresta a los ladrones que hayan sido enviados para robarme. Te pido que el ladrón sea descubierto, atrapado y deshonrado.

Ordeno a los ladrones que me paguen siete veces lo que me han quitado. Mi restauración no será completada hasta que haya recibido retribución.

Que cada residuo de estructuras satánicas establecidas en mi nación sea discernido y destruido.

Ilumina mis ojos espirituales y dame acceso a las puertas espirituales que hayan sido establecidas por el enemigo en la tierra.

Decreto que mi matrimonio es cada vez mejor. Mi familia cumplirá el propósito de Dios.

En el nombre de Jesús, ordeno que se vayan ahora los espíritus de celos, inseguridad y ruptura de pacto que intentan operar en contra de mi matrimonio.

Declaro que mi familia está sana, fuerte y próspera. No nos morderemos ni nos devoraremos unos a otros.

En el nombre de Jesús, decreto la unidad en mi familia. La paz de Dios habita en mi familia de una nueva manera.

En el nombre de Jesús, rompo el poder de las asignaciones generacionales de divorcio que han plagado mi línea de sangre.

En el nombre de Jesús, devuelvo al remitente las maldiciones que hayan sido enviadas en contra de mi matrimonio, familia, negocio, finanzas y salud.

En el nombre de Jesús, ordeno la pérdida de cosechas sobre cada palabra falsa, profecía falsa y predicción demoníaca.

A partir de hoy, mi familia aumenta en favor con Dios y los hombres.

En el nombre de Jesús, rompo ahora las asignaciones de pesadillas y terrores nocturnos que vienen a interrumpir mis sueños. Mis hijos están siendo liberados de las pesadillas y los terrores nocturnos.

Activo sueños de creatividad mientras duermo.

En el nombre de Jesús, declaro que mientras duermo, no habrá fuegos ni entrarán ladrones.

ORACIONES DE ROMPIMIENTO, DECRETOS Y CONFESIONES

PARTE II

Que los ángeles del Señor acampen alrededor de mi casa cada noche. En el nombre de Jesús, ordeno al ángel de la muerte que pase por alto mi casa. Mis hijos y yo viviremos la cantidad de días que el Señor planeó para nosotros.

No temeré al terror de la noche. Cualquier plan de destrucción que se formó contra mí durante la noche es derrotado (Salmo 91: 5-6).

Señor, te doy gracias porque tu amor es redentor. Tu amor por mí te hizo asegurar la salvación del mundo a través de la sangre que Jesús derramó.

22. Cuarta Vigilia De La Noche

3:00 A.M. a 6:00 A.M.

Esta vigilia se conoce como la vigilia del amanecer o de la madrugada. Los aspectos importantes de esta vigilia son la liberación, la resurrección y la manifestación de la voluntad de Dios en la tierra como es en el cielo. Hay una unción para reordenar el día que tienes por delante, anulando las operaciones demoníacas planeadas en tu contra. Durante esta vigilia decretamos los juicios de Dios contra los impíos.

DISTINCIONES DE ESTA VIGILIA: LIBERANDO LA LUZ

- El Señor derrotó a los egipcios en medio del mar durante la vigilia de la mañana (Éxodo 14:24-28). Este es el momento para emitir juicio contra las asignaciones malignas, porque Dios dice que destruirá a los impíos en la tierra en ese momento del día: "Por las mañanas destruiré a todos los impíos de la tierra, para exterminar de la ciudad de Jehová a todos los que hagan maldad." (Salmos 101:8 RVR-2015).

ORACIONES DE ROMPIMIENTO, DECRETOS Y CONFESIONES

PARTE II

- Los poderes demoníacos intensifican sus actividades entre las horas de la medianoche y las 3:00 de la mañana, sabiendo que, para la vigilia de la madrugada, tendrán que cesar sus actividades para que no sean atrapados por la intensidad de la aurora (es decir, el amanecer). Los que practican el ocultismo operan durante la noche, lanzando hechizos, maleficios y vejaciones, encantamientos, etc. Este es un momento para emitir juicio contra los malvados que permanecen duros de cerviz, rígidos e impenitentes. Han recibido muchas advertencias y reprimendas, pero se niegan a arrepentirse. "El que endurece su cerviz y rehúsa la instrucción después de haber sido reprendido (corregido, criticado) de repente, será quebrantado sin remedio" (Proverbios 29:1).

- "Al atardecer he aquí el terror repentino, y antes del amanecer ya no existirán" (Isaías 17:14) Dios ha prometido protegerte y emitir juicio contra tus enemigos.

- También puedes reprender de parte de Dios a tus enemigos durante esta vigilia.

> *Pero, aunque rujan como las olas grandes de la playa, Dios los hará callar y huirán como la paja que esparce el viento, como los arbustos que ruedan antes de una tormenta. En la noche, Israel espera aterrado; pero al amanecer, sus enemigos están muertos. Esta es la justa recompensa para quienes nos saquean, un final apropiado para quienes nos destruyen.*
> **Isaías 17:13–14**

> *Esto dice el Señor a la dinastía de David: ¡Hagan justicia cada mañana al pueblo que ustedes juzgan! Ayuden a los que han sufrido robos; rescátenlos de sus opresores. De lo contrario, mi enojo arderá como fuego insaciable debido a todos sus pecados.*
> **Jeremías 21:12**

- Durante esta vigilia, ordenamos a la mañana. "¿Alguna vez has ordenado que aparezca la mañana o has causado que el amanecer
- se levante por el oriente? ¿Has hecho que la luz del día se extienda hasta los confines de la tierra?" (Job 38:12-13 NTV).
- La vigilia de la mañana es un momento para entregar tu sacrificio de oración al Señor. Jesús es nuestro modelo, quien a menudo oraba temprano en la mañana, mucho antes del amanecer.
- Es el momento de orar para que irrumpa el nuevo día. "Tus puertas permanecerán abiertas de día y de noche para recibir las riquezas de muchos países. Los reyes del mundo serán llevados como cautivos en un desfile victorioso." (Isaías 60:11 NTV).
- Podemos contar con el Señor para librarnos de las tormentas, así como Jesús vino caminando sobre el agua durante esta vigilia para liberar a los discípulos de los fuertes vientos: "Pero a la cuarta vigilia de la noche, Jesús fue a ellos andando sobre el mar." (Mateo 14:25 RVR-1995).
- Este es también el momento en el cual la piedra de la tumba de Jesús fue quitada. Todo reproche debe ser quitado a esta hora. Como el poder de la resurrección se manifestó durante esta vigilia, espere ver la resurrección de cada don dormido.

> *El domingo por la mañana temprano, cuando amanecía el nuevo día, María Magdalena y la otra María fueron a visitar la tumba. ¡De repente, se produjo un gran terremoto! Pues un ángel del Señor descendió del cielo, corrió la piedra a un lado y se sentó sobre ella.*
> **Mateo 28:1–2**

- Finalmente, esta vigilia anuncia la aparición del amanecer. Es el momento de liberar la luz del Señor.

ORACIONES DE ROMPIMIENTO, DECRETOS Y CONFESIONES

PARTE II

«Yo, Jesús, he enviado a mi ángel con el fin de darte este mensaje para las iglesias. Yo soy tanto la fuente de David como el heredero de su trono. Yo soy la estrella brillante de la mañana».

Apocalipsis 22:16

Debido a esa experiencia, ahora confiamos aún más en el mensaje que proclamaron los profetas. Ustedes deben prestar mucha atención a lo que ellos escribieron, porque sus palabras son como una lámpara que brilla en un lugar oscuro hasta que el Día amanezca y Cristo, la Estrella de la Mañana, brille en el corazón de ustedes.

2 Pedro 1:19

¡Levántate, Jerusalén! Que brille tu luz para que todos la vean. Pues la gloria del Señor se levanta para resplandecer sobre ti. Una oscuridad negra como la noche cubre a todas las naciones de la tierra, pero la gloria del Señor se levanta y aparece sobre ti. Todas las naciones vendrán a tu luz; reyes poderosos vendrán para ver tu resplandor. ¡Levanta los ojos, porque todo el mundo vuelve a casa! Tus hijos llegan desde tierras lejanas; tus hijas pequeñas serán traídas en brazos. Resplandecerán tus ojos, y tu corazón se estremecerá de alegría porque los mercaderes del mundo entero vendrán a ti. Te traerán las riquezas de muchos países.

Isaías 60:1–5

ORACIONES, DECRETOS Y CONFESIONES

En el nombre de Jesús, tomo autoridad sobre este día.

Decreto que todos los recursos que necesito para ser exitoso y victorioso me serán entregados hoy.

Confieso que este es el día que hizo el Señor; me regocijaré y me alegraré en él.

En el nombre de Jesús, Señor, levanta un estandarte contra los enemigos que se hayan levantado para atacarme a mí y a mi familia, la iglesia, mi ciudad y nación. Que todo plan y estrategia del enemigo que esté contra mí en el día de hoy sea derrotado de la misma manera que derrotaste a los carros de Egipto.

Señor, libera toda la intensidad del amanecer (aurora) para tomar posesión de los confines de la tierra y sacudir cada asignación maligna contra los propósitos de mi vida, familia, iglesia y nación. Señor, te pido que expongas por lo que realmente son, todas las asignaciones de maldad que hayan sido enviadas contra mí.

En el nombre de Jesús, todo lo que haya muerto en términos de mi potencial, en la iglesia y en la nación, están recibiendo el poder de resurrección del Señor. Todos los dones que hay en mí que deberían estar activos, ahora están recibiendo el poder de resurrección.

En el nombre de Jesús, declaro nulo e inoperante el poder de cada maleficio, vejación, encantamiento, maldición o declaración pronunciados contra mí.

Oraciones de Rompimiento, Decretos y Confesiones

PARTE II

Decreto que todas las asignaciones que hayan sido enviadas contra mi durante la noche, fracasarán.

En el nombre de Jesús, son derribados todos aquellos que pasaron la noche intentando derribarme. Me elevo cada vez más y más alto, y mi vida es cada vez mejor. Prospero hoy.

En el nombre de Jesús, decreto que todo reproche que esté operando en mi vida es removido.

Espíritu Santo, despiértame temprano a mí y a otros ciudadanos del Reino que estén en mi territorio, para orar e invocar los juicios divinos de Dios sobre las obras de iniquidad que tengan lugar durante esta vigilia.

Espíritu Santo, despiértame todos los días con un cántico de alabanza en mi corazón. Despiértame del sueño espiritual.

Espíritu Santo, entrena mis manos para la guerra y mis dedos para la batalla, de modo que pueda luchar contra la maldad que se libera activamente a esta hora de la noche.

Señor, ayúdame a renovar mi mente para que pueda meditar en la palabra del Señor. Pido al Espíritu Santo que ilumine mis ojos y avive mi alma, de acuerdo con el Salmo 19:7-11.

Señor, libera a Tus ángeles para que hagan retroceder cada piedra de limitación y esclavitud que haya en mi familia y en la nación. Permite que los pródigos de mi familia escuchen Tu voz llamándolos a regresar a Ti.

Señor, oro para que la Iglesia se levante y brille para que los propósitos de Dios se cumplan en nuestra nación.

Señor, dale a la Iglesia entendimiento de cómo funciona tu economía. Ayuda a la Iglesia a comprender cómo recibimos gratuitamente y cómo debemos dar gratuitamente.

Señor, te pido que me bendigas. Permite que desde el cielo fluyan tus bendiciones a mi vida.

Señor, bendice la economía de mi nación. En el nombre de Jesús, que haya un cambio sobrenatural de los déficits financieros que conducen a la pobreza en las familias.

Permite que las naciones se arrepientan por fomentar sistemas de adoración falsos que resultan en maldiciones financieras. Que las naciones se vuelvan al Dios vivo y verdadero.

Reprendo las asignaciones de avaricia, robo y corrupción que contribuyen a la opresión financiera de los ciudadanos de la nación.

Que las naciones comiencen a operar en la economía del cielo.

Que me sean entregadas las bendiciones que hayan estado ocultas. Permíteme recibir tesoros escondidos de riqueza que hoy residen en la oscuridad. Permite que las bendiciones financieras repentinas me alcancen.

Permíteme recibir aquellas bendiciones que las generaciones pasadas de mi familia no recibieron.

Oraciones de Rompimiento, Decretos y Confesiones

PARTE II

Decreto que la sangre de Jesús me limpia de cualquier fundamento legal que el enemigo tenga contra mí.

En el nombre de Jesús, que las fortalezas y la sede del adversario en mi vida sean abolidas.

Que la unción del más que vencedor, sea desatada y sobreabunde en mi vida.

Derroto todas las asignaciones de pobreza y ordeno que la pobreza deje mi vida.

Derroto cada asignación de frustración, vejación, miedo e incredulidad. Ordeno a estas asignaciones que abandonen mi vida.

Señor, sacude desde los cielos toda maldad que existe sobre mí y permite que el día que comienza esté lleno de bendiciones, gloria, favor, salud, honor y prosperidad.

En el nombre de Jesús, decreto que los recursos, las riquezas, el favor, la prosperidad y la salud se establecen en mi casa.

Oro para que el poder de la sangre de Jesús se libere en contra de todos los pactos satánicos con la tumba; mis recursos serán liberados.

Señor, levanta hombres y mujeres fuertes que oren para que el alba tome la tierra por cada frontera y sacuda todas las estructuras perversas en los sistemas económicos de las naciones.

Señor, permite que todas las estructuras perversas que mantienen la riqueza del mundo en manos del 1 por ciento de la población mundial sean derribadas ahora.

Señor, te pido que rasgues los cielos y desciendas, causando que el favor, el poder, la promoción, el rompimiento, las finanzas, la buena salud, la mente sana y la paz sean liberados en mi vida.

> *¿Quién puede compararse con el Señor nuestro Dios, quien está entronizado en las alturas? Levanta del polvo a los pobres, y a los necesitados, del basurero. Los pone entre príncipes, ¡incluso entre los príncipes de su propio pueblo!*
> **Salmos 113:5, 7–8**

Dios ha hablado sobre mi vida; lo creo y comienzo a manifestarlo. No soy un fracaso. Operaré como cabeza y no como cola. La asignación de ser cola está rota en mi vida. Habitaré solo en las montañas y no en el valle; ya no experimentaré las actividades del espíritu de Pisgá (retraso).

Ya no estaré decepcionado o fracasaré al borde de los milagros, el éxito y la victoria que deseaba, porque la sangre de Jesús ha librado mi vida de toda asignación de brujería, odio, celos y envidia.

Se me ha dado autoridad sobre toda asignación de maldad; hoy y todos los días, pisotearé bajo mis pies toda serpiente de traición, planes perversos y maquinaciones en mi contra, informes malignos, acusaciones y críticas. Ningún consejo de los impíos se levantará contra mí. Dios está por mí, ¿quién puede entonces oponerse a mí? Declaro que victoria tras victoria se manifiestan en mi vida hoy y todos los días.

Ningún arma forjada contra mí prosperará, y toda lengua que se levante contra mí, ya está condenada. Por lo tanto, derribo en fe todo

ORACIONES DE ROMPIMIENTO, DECRETOS Y CONFESIONES
PARTE II

muro espiritual de petición contra mí y las citas divinas con mis benefactores y ayudantes divinamente asignados. Que todos aquellos que Dios, el Rey del universo, ha asignado, bendigan mi vida hoy.

Me paro en mi posición como hijo de Dios, ordenado para gobernar como rey en la tierra. Decreto que me llena el favor divino de Dios. Dios ha puesto Su Palabra en mi boca como arma de destrucción y de restauración. Uso ese poder para hablar destrucción sobre todos los agentes del diablo asignados para obstaculizar y desviar mis bendiciones. Utilizo la misma arma para decretar restauración en mi vida.

Decreto que cualquier asignación del infierno que haya estado operando en contra del propósito de Dios en mi vida, comunidad, familia e iglesia será arrestada por el ángel del Señor.

Oro para que el plan original de Dios para el hombre sea completamente restaurado. Oro por la restauración del dominio sobre la creación, como Dios lo dispuso. Oro para poder caminar en dominio en cada área de la vida, tal como Dios lo dispuso.

Decreto que esta noche Jesús se levantará y brillará en mi vida, corazón, ministerio, familia, ciudad, región y nación como la estrella resplandeciente de la mañana (Apocalipsis 22:16). Señor, te pido que te levantes en mayor medida y grado. Abro mi corazón y digo: "¡levántate, Señor en mí!".

Cancelo todas las asignaciones del dragón, incluidas todas las palabras (aguas) que ha derramado de su boca para inundarme a mí, a mi familia, mi ciudad, mi comunidad y mi nación.
Oro para que la tierra abra su boca y se trague todas las aguas que el dragón ha arrojado para inundarme.

> *Luego el dragón trató de ahogar a la mujer con un torrente de agua que salía de su boca; pero entonces la tierra ayudó a la mujer y abrió la boca y tragó el río que brotaba de la boca del dragón.*
> **Apocalipsis 12:15–16**

¡Ordeno a las estrellas en el cielo que reflejen la estrella brillante de la mañana, Jesús! La creación no operará en mi contra. La creación proclamará las alabanzas de Dios, y no habrá palabra ni lenguaje en los cuales Su voz no sea escuchada.

Señor, te agradezco que este no es solo el día que has hecho, sino el día de la multiplicación, reponiendo la abundancia y sometiendo todas las cosas bajo Tu gobierno. Espíritu Santo, te pido que me enseñes a mí y a mi familia cómo hacer realidad tus valores en nuestra vida cotidiana.

Señor, te doy gracias porque eres amor. No hay otro amor que pueda ser tan completo como el amor de Dios. Oro para que Tu amor se manifieste cada vez más en las relaciones de cada ciudadano del Reino en mi territorio, comenzando por mí.

Escrito está que no debería considerar las cosas pasadas, porque Dios hará algo nuevo en mi vida, y brotará rápidamente (Isaías 43:18-19). Te pido que empiecen a surgir cosas nuevas en mi matrimonio, mi negocio y mis finanzas, mi ministerio y mi vida espiritual.

El Señor hará resplandecer su rostro sobre mí siempre y tendrá misericordia de mí. Su luz brillará en mi camino y Su favor me acompañará todos los días de mi vida.

ORACIONES DE ROMPIMIENTO, DECRETOS Y CONFESIONES

PARTE II

Mis confesiones están cubiertas con la sangre de Jesús y se manifiestan en mi vida hoy.

23. Primera Vigilia Del Día

6:00 A.M. A 9:00 A.M.

Dios es conocido por guardar sus pactos. A lo largo de la historia bíblica, Dios ha establecido y mantenido el pacto con los humanos y Su creación. Las Escrituras revelan el pacto de Dios con el día y la noche: "...si ustedes pudieran romper mi pacto con el día y con la noche..." (Jeremías 33:20).

El pacto de Dios con el día y la noche establece la secuencia de sus apariciones. El día y la noche aparecen solo en el momento adecuado, nunca en el momento equivocado. Tampoco se puede romper el pacto de Dios con el día (Jeremías 33: 25-26).

> *Es el Señor quien provee el sol para alumbrar el día y la luna y las estrellas para alumbrar la noche, y agita el mar y hace olas rugientes. Su nombre es el Señor de los Ejércitos Celestiales, y esto es lo que dice: ¡Igual de improbable es que anule las leyes de la naturaleza como que rechace a mi pueblo Israel!*
>
> **Jeremías 31:35–36**

ORACIONES DE ROMPIMIENTO, DECRETOS Y CONFESIONES

PARTE II

La primera vigilia del día comienza con la salida del sol, y experimentamos el poder del Hijo levantándose sobre nosotros al comenzar nuestro día. Cuando nos despertamos en esta primera vigilia, hacemos decretos y oraciones que establecen el día por adelantado en el orden del Reino.

> *Señor, escucha mi voz por la mañana; cada mañana llevo a ti mis peticiones y quedo a la espera.*
>
> **Salmos 5:3**

DISTINCIONES DE ESTA VIGILIA: NACERÁ EL HIJO DE JUSTICIA

- La primera vigilia del día es un momento para creer que Jesús, el Rey de reyes y Señor de señores, se levantará sobre nosotros. "Sin embargo, para ustedes que temen mi nombre, se levantará el Sol de Justicia con sanidad en sus alas. Saldrán libres, saltando de alegría como becerros sueltos en medio de los pastos" (Malaquías 4:2). Este es un tiempo para pedirle al Señor que desate Su voz durante el transcurso de tu día, en toda circunstancia. Al entrar en tu día, recibes el poder restaurador de Dios en tu vida.

- El comienzo de cada día es el momento para apropiarse de los beneficios de la redención, que incluyen restauración y sanidad. Debido a que le pedimos al Hijo de justicia que se levante con la sanidad en Sus alas, cualquier área de nuestra vida que esté rota o herida, ya sea física o financiera, puede ser sanada durante este tiempo. Los decretos para la sanidad del cuerpo, la mente, el alma, el corazón, las emociones, las familias, las relaciones, los matrimonios y la tierra pueden ser poderosamente efectivos en la primera vigilia.

- Los estudiantes se preparan para el día que les espera en el sistema educativo durante esta vigilia. Este es momento para orar por este portal de la sociedad, incluyendo orar por tus hijos cuando comienzan su día en la escuela. Ora por los maestros y otros estudiantes con quienes van a interactuar tus hijos. Pídele al Señor que anule cualquier práctica impía que pueda estar ocurriendo en el sistema educativo.

- El Espíritu Santo fue derramado por primera vez sobre los discípulos durante esta vigilia. Ora por el derramamiento del Espíritu Santo en tu vida, pidiéndole al Señor que te enseñe cómo operar en el reino sobrenatural con poder y autoridad. Decreta que cada palabra que pronuncies durante el día estará marcada por el fuego y la presencia del Señor.

> *El día de Pentecostés, todos los creyentes estaban reunidos en un mismo lugar. De repente, se oyó un ruido desde el cielo parecido al estruendo de un viento fuerte e impetuoso que llenó la casa donde estaban sentados. Luego, algo parecido a unas llamas o lenguas de fuego aparecieron y se posaron sobre cada uno de ellos. Y todos los presentes fueron llenos del Espíritu Santo y comenzaron a hablar en otros idiomas, conforme el Espíritu Santo les daba esa capacidad... "Estas personas no están borrachas, como algunos de ustedes suponen. Las nueve de la mañana es demasiado temprano para emborracharse".*
>
> **Hechos 2:1–4, 15**

- Pídele al Señor que te dé ojos que ven y oídos que escuchen. Al comenzar tu día, necesitas revelación fresca. Unge tus ojos y oídos y declara que verás y oirás hoy y todos los días. Pídele al Señor que libere la unción de vidente sobre ti para que puedas ver en el reino espiritual.

Oraciones de Rompimiento, Decretos y Confesiones

PARTE II

> *El Señor Soberano me ha dado sus palabras de sabiduría, para que yo sepa consolar a los fatigados. Mañana tras mañana me despierta y me abre el entendimiento a su voluntad. El Señor Soberano me habló, y yo lo escuché; no me he rebelado, ni me he alejado.*
>
> **Isaías 50:4–5**

- La primera vigilia es un tiempo para que la voz del Señor se libere con poder y fuerza. Invita a que la voz del Señor se libere a lo largo de tu día. Decreta que toda voz del enemigo será silenciada por la voz del Señor.

> *La voz del Señor pronto rugirá desde Sion y tronará desde Jerusalén, y los cielos y la tierra temblarán; pero el Señor será un refugio para su pueblo, una fortaleza firme para el pueblo de Israel.*
>
> **Joel 3:16**

> *Nubes densas taparon el brillo a su alrededor, e hicieron llover granizo y carbones encendidos. El Señor retumbó desde el cielo; la voz del Altísimo resonó en medio del granizo y de los carbones encendidos. Disparó sus flechas y dispersó a sus enemigos; destellaron grandes relámpagos, y ellos quedaron confundidos.*
>
> **Salmo 18:12–14**

- La primera vigilia es también un tiempo para liberar la justicia de Dios. Dios es nuestro juez justo. Invítalo a anular las decisiones injustas que te afectan tanto a ti como a tu familia, tu ciudad y tu nación.

> *Mi tarea diaria será descubrir a los perversos y liberar de sus garras a la ciudad del Señor.*
>
> **Salmo 101:8**

> *Ese es el destino de los necios, aunque sean recordados como si hubieran sido sabios. Interludio Como ovejas, son llevados a la tumba, donde la muerte será su pastor. Por la mañana, los justos gobernarán sobre ellos. Sus cuerpos se pudrirán en la tumba, lejos de sus grandiosas propiedades.*
> **Salmos 49:13–14**

- A medida que sale el sol y la luz vence la oscuridad de la noche, la primera vigilia se convierte en un momento de alegría fresca y esperanza renovada que serán liberadas en tu vida. El tiempo avanza en el orden de Dios de la noche al día. "El llanto podrá durar toda la noche, pero con la mañana llega la alegría" (Salmo 30:5). Decreta que, al comenzar tu día, la expectativa y la esperanza se renovarán dentro de ti.

> *Me levanto temprano, antes de que salga el sol; clamo en busca de ayuda y pongo mi esperanza en tus palabras. Me quedo despierto durante toda la noche, pensando en tu promesa. Oh, Señor, en tu fiel amor oye mi clamor; que el seguir tus ordenanzas me reanime.*
> **Salmos 119:147–149**

ORACIONES, DECRETOS Y CONFESIONES

Declaro que hoy, a medida que sale el sol, experimentaré la bondad del Señor. La creación cooperará conmigo en el cumplimiento de mi destino. Mientras trabajo con el cielo hoy, la tierra producirá todo lo que necesito para tener éxito.

Al salir el sol hoy, el Hijo de justicia, Jesucristo, está surgiendo dentro de mí y a mi favor, trayendo sanidad para mi alma y corazón, mis emociones, mente, cuerpo, familia, las relaciones y matrimonio. Experimentaré la sanidad en mi vida de oración, salud, relaciones, familia, gobierno y economía.

Oraciones de Rompimiento, Decretos y Confesiones

PARTE II

En el nombre de Jesús, decreto un nuevo derramamiento del Espíritu Santo en mi vida, en mi familia, en mi ministerio y en mi ciudad.

Señor, dame cánticos de liberación y cánticos alegres de amor y alabanza mientras me preparo para este día.

Señor, dame esta mañana y todas las mañanas, oídos que escuchen, ojos que vean, un espíritu que discierna y una mente comprensiva.

Renueva cada mañana Tu misericordia hacia mí y mi familia, iglesia y nación. Señor, sé Tú mi porción hoy.

Señor, te doy gracias porque tus tiempos y temporadas serán constantes mientras la tierra permanezca, porque has hecho pacto con el día, según Génesis 9 y Jeremías 33:25-26.

Señor, decreto que mis tiempos y temporadas están en Tus manos y solo en Tus manos.

Este es el día que hizo el Señor; me regocijaré y me alegraré en él. El día de hoy pertenece al Señor, y solo Sus propósitos permanecerán.

Según Job 38:12, el Salmo 19:1–6 y el Salmo 91, le hablo a mi día y ordeno que el sol no me lastimará hoy. La creación cooperará hoy con mi destino. La creación me bendecirá. La tierra me dará todo lo que necesito. Ya no habrá escasez o deseo que falte en mi casa.

La creación está de acuerdo con Dios y declara bondad sobre mí, mi familia, mi iglesia y mi ciudad. Ordeno a la creación que haga solo lo que Dios se haya propuesto hoy. Solo los propósitos de Dios permanecerán en mi vida.

La creación no cooperará con los poderes del infierno en mi contra. Esta es mi temporada de grandes bondades y misericordias. Hoy recibiré regalos, sorpresas, cheques por correo, recupero dinero perdido y bonanza.

Señor, te pido que hables hoy y silencies todas las demás voces que le hablan al día.

Señor, te doy gracias porque el llanto dura una noche y el gozo llega en la mañana. Que el amanecer de mi nuevo día traiga alegría, nueva vida y esperanza.
Según Génesis 49:27, el Señor me está capacitando para vencer toda fuerza maligna que se oponga a mí hoy. A medida que rompe la vigilia de la mañana, superaré todos los obstáculos que se presenten para impedir el propósito de Dios en mi vida. A medida que este nuevo día llega a su plenitud, son derrocados todos los obstáculos contra mi familia, mi iglesia y mi ciudad que intentan impedir los propósitos de Dios.

A medida que avanza este nuevo día, dividiré el botín de lo que el enemigo me haya robado en cualquier área a mí y a mi familia, la iglesia y mi ciudad. Decreto que la retribución es mi porción y recupero más de lo que me quitaron.

Señor, te pido que hagas justicia a los injustos que se niegan a confiar en Ti. Decreto que Dios me hará gobernar sobre los injustos y sus seguidores. Dios es mi salvación al amanecer.

Señor, según Mateo 6:11 y Salmo 5:1-3, hoy pongo mis peticiones personales a Tus pies, y sé que Tú me responderás.

Oraciones de Rompimiento, Decretos y Confesiones
Parte II

Decreto que el Señor instruirá a mis hijos en todos los aspectos de sus vidas. Señor, rodea a mis hijos de maestros piadosos que puedan instruirles y mostrarles Tu camino.

Señor, te pido que visites el sistema educativo de mi ciudad. Que vengan maestros piadosos a las escuelas de mis hijos. Expongo cada asignación de humanismo que alejaría a mis hijos de Ti; no se mantendrá. Señor, que los legisladores justos cambien los procedimientos injustos en el sistema educativo.

Que la unción de sabiduría, conocimiento y entendimiento descansen sobre mis hijos, nietos y bisnietos. Así como Daniel y José prosperaron en el gobierno, te pido que mis hijos caminen en una unción para gobernar con sabiduría y honor dondequiera que vayan.

En el nombre de Jesús, oro para que todos los pedófilos y abusadores que trabajan o son voluntarios en la escuela de mis hijos y en las escuelas de esta ciudad y nación, sean expuestos.

Señor, levanta escritores de planes de estudios que sean piadosos. Que se creen planes de estudio con fines redentores.

Señor, te pido que todos los dones que sean necesarios para que yo logre el éxito hoy sean activados en mí ahora mismo.

En todas las áreas donde soy débil, me estás preparando para ser eficaz.

Mi juventud se renueva hoy, y todas las puertas del infierno se cierran fuera de mi vida. El soplo del Señor está llenando mi corazón ahora mismo, y Él está fortaleciendo mis huesos, de acuerdo con Job 32:7-8 e Isaías 58:11.

Señor, envía a Tus ángeles para que quiten toda piedra que está impidiendo que camine hacia adelante en la vida. Envía a Tus ángeles para que eliminen toda piedra de tropiezo que esté bloqueando mi impulso, avance y promoción.

En el nombre de Jesús, ato a cada hombre fuerte que ha sido delegado para obstaculizar mi rompimiento y avance. En el nombre de Jesús, decreto que mi vida está cambiando al siguiente nivel que Dios ha planeado para mí.

Que cada don bueno y perfecto que viene de arriba me localice hoy.

En el nombre de Jesús, ordeno que las lluvias de abundancia, bondad, favor y misericordia caigan sobre cada área de mi vida. Reprendo toda asignación de sequedad que haya en mi vida.

Decreto hoy que los ciudadanos del Reino ofrecerán voluntariamente sus cuerpos como instrumentos de justicia y como obreros en la cosecha.

Espíritu Santo, sé mi compañero hoy. Permite ahora mismo que, mientras oro, venga una unción fresca sobre mí. Espíritu Santo, aconseja, sustenta, advierte y ayúdame en todas mis actividades diarias. Aconséjame hoy cuando te olvide, y regrésame a ese lugar de dependencia en Ti en cada aspecto de mi vida.

Enséñame a caminar suavemente con el Espíritu Santo para no contristarlo.

Fortalece mi determinación de serte fiel y poder disfrutar del beneficio de vivir con Dios siempre.

ORACIONES DE ROMPIMIENTO, DECRETOS Y CONFESIONES

PARTE II

24. SEGUNDA VIGILIA DEL DÍA

9:00 A.M. A 12:00 DEL MEDIODÍA

Dios tiene un tiempo señalado para la manifestación de sus promesas. La segunda vigilia del día es el momento para orar por la comprensión del tiempo y del orden de Dios. Debes dedicar tiempo y pedirle al Señor que te manifieste sus promesas para ti. Cuando lees palabras proféticas anteriores y las declaras en voz alta, activas medidas más profundas de fe dentro de ti. También hay una unción de fe que el Señor liberará el perdón y la sanidad de las relaciones rotas. Jesús fue crucificado en esta hora. Jesús eligió la obediencia, y la segunda vigilia es un tiempo para alinear tu corazón en obediencia a la voluntad del Señor.

DISTINCIONES DE ESTA VIGILIA: LAS PROMESAS DE DIOS MANIFESTADAS

- En las escrituras, Dios promete cumplir Su Palabra. Este es un momento para recordarle a Dios las promesas que te hizo. "Hazme recordar; roguemos juntos; declara, para que seas justificado" (Isaías 43:26). La profecía es una promesa de Dios. Dedica tiempo para escuchar o leer profecías pasadas que fueron habladas sobre tu vida o revisa los sueños proféticos que te dio el Espíritu Santo. Pídele al Señor que te dé una revelación sobre si te encuentras en una temporada de espera o experimentando un retraso. Permítele al Señor mostrarte lo que está desarrollando en ti mientras esperas.

> *Pues, así como los cielos están más altos que la tierra, así mis caminos están más altos que sus caminos y mis pensamientos, más altos que sus pensamientos. La lluvia y la nieve descienden de los cielos y quedan en el suelo para regar la tierra. Hacen crecer el grano, y producen semillas para el agricultor y pan para el hambriento. Lo mismo sucede con mi palabra. La envío y siempre produce fruto; logrará todo lo que yo quiero, y prosperará en todos los lugares donde yo la envíe.*
>
> **Isaías 55:9–11**

> *¡Jamás! ¿Puede una madre olvidar a su niño de pecho? ¿Puede no sentir amor por el niño al que dio a luz? Pero aun si eso fuera posible, yo no los olvidaría a ustedes. Mira, he escrito tu nombre en las palmas de mis manos. En mi mente siempre está la imagen de las murallas de Jerusalén convertidas en ruinas.*
>
> **Isaías 49:15–16**

- Debido a que la tercera vigilia es el momento de levantarte con la expectativa de ver manifestadas las promesas de Dios para tu vida, pídele al Señor que limpie tu corazón de todo lo que no le agrada a Su corazón. Ora por limpieza y liberación personal. "Acérquense a Dios, y Dios se acercará a ustedes. Lávense las manos, pecadores; purifiquen su corazón, porque su lealtad está dividida entre Dios y el mundo." (Santiago 4:8). Pídele al

Señor que te perdone por cualquier duda, incredulidad o frustración a la que hayas cedido; este es un momento para la

ORACIONES DE ROMPIMIENTO, DECRETOS Y CONFESIONES

PARTE II

liberación de cualquier doble ánimo con el que pudieras haber llegado a un acuerdo.

> *Por lo tanto, amados hermanos, no están obligados a hacer lo que su naturaleza pecaminosa los incita a hacer; pues, si viven obedeciéndola, morirán; pero si mediante el poder del Espíritu hacen morir las acciones de la naturaleza pecaminosa, vivirán. Pues todos los que son guiados por el Espíritu de Dios son hijos de Dios. Y ustedes no han recibido un espíritu que los esclavice al miedo. En cambio, recibieron el Espíritu de Dios cuando él los adoptó como sus propios hijos. Ahora lo llamamos «Abba, Padre*
>
> **Romanos 8:12–15**

- Este es un momento para orar eficazmente por restauración, sanidad, reconciliación de las relaciones y perdón. Jesús enseñó el perdón como un requisito previo para que nuestras oraciones sean contestadas (Marcos 11:24-26), porque la falta de perdón bloquea las respuestas a las oraciones. La falta de perdón, cuando no es tratada, puede convertirse en una raíz de amargura. Es importante someter todos los aspectos de tu vida al Señor, permitiéndole que se ocupe de las injusticias cometidas en contra tuya.

> *Entonces su salvación llegará como el amanecer, y sus heridas sanarán con rapidez; su justicia los guiará hacia adelante y atrás los protegerá la gloria del Señor.*
>
> **Isaías 58:8**

> *Él renueva mis fuerzas. Me guía por sendas correctas, y así da honra a su nombre.*
>
> **Salmo 23:3**

> *"Te devolveré la salud y sanaré tus heridas dice el Señor, aunque te llamen desechada, es decir, "Jerusalén, de quien nadie se interesa".*
> **Jeremías 30:17**

> *Entonces Jesús puso nuevamente sus manos sobre los ojos del hombre y fueron abiertos. Su vista fue totalmente restaurada y podía ver todo con claridad.*
> **Marcos 8:25**

- Las oraciones por la cosecha y el incremento también pueden ser efectivas en este tiempo. El incremento y la multiplicación son conceptos del Reino. Por ejemplo, en el Huerto, Adán y Eva recibieron instrucciones de fructificar y multiplicarse. El deseo de Dios es que toda la tierra se llene del conocimiento de la gloria de Dios (Habacuc 2:14). Por lo tanto, pídele al Señor que levante segadores en tu región. Pide que te dé una carga por la cosecha y que te envíe como segador.

> *Que las naciones te alaben, oh, Dios; sí, que todas las naciones te alaben. Entonces la tierra dará sus cosechas, y Dios, nuestro Dios, nos bendecirá en abundancia. Así es, Dios nos bendecirá, y gente de todo el mundo le temerá.*
> **Salmos 67:5–7**

- Fue a esta hora del día que crucificaron a Jesús. Jesús eligió obedecer la voluntad del Padre. Pide al Señor que te ayude a elegir la obediencia, permitiéndole que te muestre las áreas no sometidas de tu vida y sometiendo a Él todo lo que te muestre. Ora por el poder de una vida crucificada en tu interior.

> *Mi antiguo yo ha sido crucificado con Cristo. Ya no vivo yo, sino que Cristo vive en mí. Así que vivo en este cuerpo terrenal confiando en el Hijo de Dios, quien me amó y se entregó a sí mismo por mí.*
> **Gálatas 2:20**

ORACIONES DE ROMPIMIENTO, DECRETOS Y CONFESIONES

PARTE II

- Los decretos relacionados con la productividad en la vida y el ministerio también son efectivos en este tiempo. Pídele al Señor que te ayude a discernir entre la productividad del Reino y el ajetreo. Permite que el Señor te muestre las pérdidas de tiempo

- que están operando en tu vida y robando tu tiempo. Pídele al Señor que te muestre cómo redimir el tiempo.

> *Acordó pagar el salario normal de un día de trabajo y los envió a trabajar. A las nueve de la mañana, cuando pasaba por la plaza, vio a algunas personas que estaban allí sin hacer nada.*
>
> **Mateo 20:2–3**

ORACIONES, DECRETOS Y CONFESIONES

Entro en acuerdo con Romanos 8:12-15. No le debo nada a la carne. Hoy crucifico mi carne. Hoy y todos los días me someteré a la dirección del Espíritu Santo.

Señor, bautízame con gozo espiritual para poder alabarte con mis labios continuamente.

Espíritu Santo, eres el Señor de la mies. Levanta más obreros en la viña de mi ciudad para que podamos alcanzar a los perdidos que buscan dirección. Aumenta el nivel de nuestra carga por la evangelización.

Señor, continúa revelando la estrategia de evangelización requerida para llegar a todos los grupos de personas, incluidos los jóvenes, los adultos y las personas de la tercera edad. Dame el valor para compartir mi fe más allá de las fronteras étnicas y socioeconómicas.

Señor, ayúdame a ser enseñable para poder ver lo nuevo que estás haciendo. No me resistiré a nuevos métodos ni a nuevas estrategias de evangelización. Ayúdame a ser sensible a Tu voz.

Señor, Tú resistes a los orgullosos, pero das gracia a los humildes. Ayúdame a caminar en humildad para que Tú me puedas levantar en honor. Permíteme caminar hoy con un espíritu de mansedumbre que sea suficiente para enfrentar los desafíos que enfrentaré.

Oro por aquellos que llevan cargas pesadas, los que están agobiados, los que están deprimidos. Oro para que hoy te pidan ayuda.

Oro por las puertas de la ciencia y de la tecnología. Señor, libera un nuevo nivel de creatividad dentro de nuestro sistema educativo. Levanta una nueva generación de investigadores y biólogos de las comunidades minoritarias. Que haya una sobreabundancia de inventos ingeniosos lanzados a través de las comunidades minoritarias. ¡Sus ideas no serán robadas y no se aprovecharán de ellas!

Señor, te doy las gracias porque se están descubriendo nuevas curas para el cáncer. Libera tu Espíritu de revelación para que descanse sobre los investigadores médicos, permitiéndoles ver lo que no han podido ver antes.

Que se descubran nuevas curas para las enfermedades incurables.

Señor, te pido que haya nuevas curas para el cáncer que provengan de la naturaleza.

ORACIONES DE ROMPIMIENTO, DECRETOS Y CONFESIONES
PARTE II

Señor, reprendo al espíritu de codicia que tiene como rehenes las curas medicinales, impidiendo que los pobres tengan acceso.

Señor, reprendo las asignaciones de iniquidad que intentan operar a través de la profesión médica al recetar medicamentos innecesarios a los niños. Te pido que expongas estas asignaciones y operaciones.

Señor, te doy las gracias por los médicos e investigadores piadosos que trabajan con integridad y cuidan de sus pacientes.

Señor, aumenta la cantidad de hospitales que atienden a los niños que padecen enfermedades como el cáncer.

Permite que salgan a la luz varias invenciones ingeniosas que Tú ordenaste que fueran encontradas en nuestra nación.

Decreto que se expondrá cualquier área donde la ciencia y la tecnología en mi nación están siendo utilizadas para traer destrucción en lugar de mejoras. Señor, levanta personas que creen políticas que protejan a las naciones de la ciencia y de la tecnología destructivas. Decreto que el infierno no operará a través de la puerta de la tecnología.

Permite que sean descubiertos aquellos que están dotados en ciencia y tecnología, pero aún son desconocidos debido a la pobreza, el racismo o la ignorancia. ¡Que sean descubiertos! Señor, esta es la temporada en la que abrirás camino para aprovechar su potencial, para la gloria de Tu nombre. Señor, muéstrale a la Iglesia cómo operar y ayudar en este portal.

Hoy continuaré experimentando el poder de la resurrección de Cristo.

Muéstrame áreas en las que el espíritu de egoísmo podría estar operando a través de mi carne. Espíritu Santo, ayúdame a crucificar mi naturaleza egoísta mientras crezco en Ti.

Señor, revela cualquier área de heridas que necesiten sanidad, especialmente en el área de las relaciones.

Señor, bendice la obra de mis manos. Oro por un empleo para poder disfrutar de la bendición que ya has puesto en mis manos.

Decreto que hoy la palabra de Dios tiene una entrada en mi vida y me libera de la esclavitud.

Decreto, en acuerdo con al Salmo 119:30, que decido ser fiel a Ti. Respetar Tus ordenanzas y Tus caminos.

Decreto el Salmo 36:10: Derrama Tu amor inagotable sobre los que te aman; haz justicia a los de corazón sincero.

Gracias por la gracia de morir a la carne y al mundo para poder comenzar a vivir, Juan 12:24 y Gálatas 2:20.

ORACIONES DE ROMPIMIENTO, DECRETOS Y CONFESIONES

PARTE II

25. TERCERA VIGILIA DEL DÍA

12:00 DEL MEDIO DÍA A 3:00 P.M.

Las vigilias de la medianoche y del mediodía son significativas porque representan la transición. La actividad espiritual aumenta alrededor del tiempo de estas vigilias, culminando en una plenitud de eventos.

Entonces ellos prepararon uno de los toros y lo pusieron sobre el altar. Después invocaron el nombre de Baal desde la mañana hasta el mediodía, gritando: «¡Oh, Baal, respóndenos!»; pero no hubo respuesta alguna. Entonces se pusieron a bailar, cojeando alrededor del altar que habían hecho. Cerca del mediodía, Elías comenzó a burlarse de ellos. «Tendrán que gritar más fuerte—se mofaba—, ¡sin duda que es un dios! ¡Tal vez esté soñando despierto o quizá esté haciendo sus necesidades[a]! ¡Seguramente salió de viaje o se quedó dormido y necesita que alguien lo despierte!».

1 Reyes 18:26–27

Distinciones de Esta Vigilia: Sacudiendo el Fundamento

- Esta vigilia es un momento para pedirle al Señor que permita que la justicia brille más y más como el sol (Salmo 37:3–6).

- A medida que Su justicia brille más, aquellos que no conocen al Señor serán atraídos a Él.

- Durante esta vigilia, Pedro tuvo un encuentro poderoso con el Señor cuando fue a la azotea a orar: "Al día siguiente, mientras los mensajeros de Cornelio se acercaban a la ciudad, Pedro subió a la azotea a orar. Era alrededor del mediodía" (Hechos 10:9). NTV). Cayó en trance, durante el cual, el Espíritu Santo reveló los planes de Dios para llevar salvación a los gentiles. Pídele al Señor que te muestre personas de otras naciones que necesitan escuchar el Evangelio. Se fiel y ora por las naciones que el Señor te muestre.

- Pídele al Señor que te dé una revelación de la actividad celestial. Saulo de Tarso experimentó durante esta vigilia un encuentro sobrenatural con el cielo que lo llevó a la salvación: "Cuando iba de camino, ya cerca de Damasco, como al mediodía, de repente una intensa luz del cielo brilló alrededor de mí" (Hechos 22: 6). Pídele al Señor que permita que los ojos de tu entendimiento sean abiertos para comprender las cosas espirituales.

- Este es un momento clave del día en el que se liberan las asignaciones de destrucción del enemigo. Durante esta vigilia, pídele al Señor que te muestre las flechas demoníacas que hayan sido lanzadas contra ti. Pídele que te ayude a morar en el lugar secreto de Su presencia.

Dedícale tiempo al Señor agradeciéndole por Su protección.

Oraciones de Rompimiento, Decretos y Confesiones

PARTE II

Mañana, tarde y noche clamo en medio de mi angustia, y el Señor oye mi voz.
Salmo 55:17

No tengas miedo de los terrores de la noche ni de la flecha que se lanza en el día. No temas a la enfermedad que acecha en la oscuridad, ni a la catástrofe que estalla al mediodía. Aunque caigan mil a tu lado, aunque mueran diez mil a tu alrededor, esos males no te tocarán.
Salmo 91:5–7

ORACIONES, DECRETOS Y CONFESIONES

Señor, te agradezco que no tengo que orar en momentos específicos, sino que puedo orar en cualquier momento.

A medida que avanza el día, mi justicia brillará cada vez más. El patrón de mi vida será ir de gloria en gloria.

Voy de gracia en gracia, más y más alto, en lugar de seguir el patrón del reino de las tinieblas, de subida y bajada, o de caer de la gracia.

Decreto que el espíritu de mejorar cada vez más me acompañará en mis esfuerzos.

Señor, dame la capacidad para multiplicar y restituir en lugar de agotar los recursos; este es el modelo que diste en el Huerto del Edén. Voy a ser fructífero y me multiplicaré.

Todo lo que toco es cada vez mejor. Mi vida, salud, hijos, familia, iglesia, ciudad y finanzas mejoran cada vez más.

Estoy de acuerdo con la palabra del Señor, que declara: "El camino de los justos es como la primera luz del amanecer, que brilla cada vez más hasta que el día alcanza todo su esplendor." (Proverbios 4:18 NTV).

"Mañana, tarde y noche clamo en medio de mi angustia, y el Señor oye mi voz." (Salmo 55:17).

La destrucción se libera al mediodía (Salmo 91:6-7). Decreto que mientras oro, la espada del Señor corta toda flecha satánica.

Decreto que Dios está librando en paz mi alma de la batalla que estaba en mi contra, según el Salmo 55:18.

Decreto que se hace justicia a mi favor mientras oro, porque Emmanuel está conmigo (Isaías 7:14).

Decreto que, en la plenitud de este día, también veré la plenitud del potencial que Dios se propuso que yo caminara.

No se perderá lo que Dios propuso que yo logre hoy. Me arrepiento por haber perdido el tiempo. Espíritu Santo, ayúdame a redimir el tiempo.

Señor, continúa cubriéndome y protegiéndome mientras el día continúa. Ninguna pestilencia que golpee al mediodía se acercará a mí o a mi familia.

Señor, gracias por preservarme. Gracias porque cuando se levanten mis enemigos Tú los dispersarás.

ORACIONES DE ROMPIMIENTO, DECRETOS Y CONFESIONES
PARTE II

Señor, tú eres el fundamento de mi día; sé también el clímax de mi día. Donde me haya perdido en el ajetreo y las preocupaciones del mundo, ayúdame a regresar a un lugar para meditar en Tu bondad. Encontraré tiempo para leer las Escrituras que me ayudarán a alabarte. ¡Me uno a la creación para alabarte!

Ordeno a los cielos que me den lo mejor en este tiempo. Oro para que el favor de Dios llegue a todas las áreas de mi vida, mi familia y mi ministerio.

Permaneceré en el lugar secreto del Dios Altísimo en medio de los negocios del día. Espíritu Santo, acércame a Ti aún más y guíame mientras me acerco al final del día.

Señor, ilumina mi horizonte. Que los rayos de la poderosa luz de Dios introduzcan nuevas ideas, nuevas percepciones y nuevos métodos de hacer las cosas según el orden de la Palabra de Dios.

A esta hora del día, mis reflejos espirituales estarán tan abiertos a Dios que podré escucharlo con mucha claridad.

Señor, confronta las fuerzas de la tradición en el cuerpo de Cristo que han invalidado la Palabra de Dios.
Hoy es libre todo creyente que haya sido saqueado o llevado cautivo en cualquier área de la vida. Señor, libéralos del encarcelamiento.

Hoy recibo la gracia de terminar cada proyecto iniciado bajo Dios o por orden o instrucción de Dios.

Recibo la fidelidad de espíritu necesaria para continuar la carrera de forma consistente hasta el final. Ya no habrá proyectos abandonados o incompletos, y no estaré sujeto al síndrome de logro "cercano" que hace que casi complete lo que comienzo sin experimentar la realidad.

Señor, estoy de acuerdo con el Salmo 103:19 que declara que Tu trono está establecido en los cielos y Tú gobiernas sobre todos los tronos y reyes de la tierra.

Oro que voy a poseer cada portal o puerta que Dios ordena que yo posea hoy. Se desata toda la fuerza que necesito para cumplir la voluntad de Dios, y prenderé cada lección o disciplina que Dios quiere que resista.

"Alaben al Señor, mi roca. Él entrena mis manos para la guerra y da destreza a mis dedos para la batalla." (Salmo 144:1).

Señor, confronta en nuestra nación todo instrumento humano y espiritual de persecución satánica.

Hoy se rompe toda cubierta o velo a consecuencia de la influencia de la idolatría.

Señor, ¡te doy las gracias por la victoria en cada área de mi vida! En el nombre de Jesús, hoy y todos los días, camino en favor, rompimiento, bendiciones y honor.

ORACIONES DE ROMPIMIENTO, DECRETOS Y CONFESIONES

PARTE II

26. CUARTA VIGILIA DEL DÍA

3:00 P.M. A 6:00 P.M.

Comunicarse con Dios debe ser una parte integral de cada iglesia. La oración es uno de los privilegios y distinciones más importantes de la Iglesia. Aunque la Iglesia está llamada a orar en todo momento, la única hora del día en la Biblia que se conoce específicamente como la "hora de oración" comienza a las 3:00 p.m.: "Cierta tarde, Pedro y Juan fueron al templo para participar en el servicio de oración de las tres de la tarde." (Hechos 3:1).

DISTINCIONES DE ESTA VIGILIA: TIEMPO DE TRIUNFO

- La hora de la oración es un momento para marcar la historia. Durante esta hora, Jesús declaró: "consumado es" y, en voz alta, entregó Su espíritu (es decir, murió) después de seis horas en la cruz. En ese instante, la historia cambió para siempre.

> *Al mediodía, la tierra se llenó de oscuridad hasta las tres de la tarde. A eso de las tres de la tarde, Jesús clamó en voz fuerte: «Eli, Eli, ¿lema sabactani?», que significa «Dios mío, Dios mío, ¿por qué me has abandonado?» ...Entonces Jesús volvió a gritar y entregó su espíritu.*
> **Mateo 27:45–46, 50**

- En ese mismo momento, el velo frente al lugar santísimo se rasgó de arriba a abajo. Esta hora es un tiempo para quitar los velos y los factores limitantes de tu vida.

> *En ese momento, la cortina del santuario del templo se rasgó en dos, de arriba abajo. La tierra tembló, las rocas se partieron en dos.*
> **Mateo 27:51**

- Esta vigilia es un tiempo para la ascensión divina. Elías reparó el altar y preparó el sacrificio en ese tiempo. A la hora de orar, levantó la voz y oró.

> *Gritaron disparates toda la tarde hasta la hora del sacrificio vespertino, pero aún no había respuesta, ni siquiera se oía un solo sonido. Entonces Elías llamó a la gente: «¡Vengan acá!». Así que todos se juntaron a su alrededor, mientras él reparaba el altar del Señor que estaba derrumbado.*
> **1 Reyes 18:29–30**

- La hora de oración es la hora del triunfo, un tiempo para ver el Reino de Dios establecido de una nueva manera. Es el momento de morir al mundo (el yo); la agenda de Dios tiene prioridad sobre nuestra agenda y Su camino sobre el nuestro.

ORACIONES DE ROMPIMIENTO, DECRETOS Y CONFESIONES

PARTE II

ORACIONES, DECRETOS Y CONFESIONES

Doy gracias a Dios por enviar a Jesús, mi Redentor y Sumo Sacerdote.

Señor, dame la gracia para darle la espalda a todo lo que no te agrada.

Oro para que sean expuestos todo velo y manto que puedan estar obstaculizando mi oración y mi éxito en el salón de Tu trono.

Dame experiencias en el salón del trono. Permíteme tener un encuentro celestial de una manera nueva.

Decreto que mi vida anterior ha terminado: fracaso, desilusión, contratiempo, cada hábito de pecado, cada área de carencia financiera, enfermedad, dolencia, cada lugar de inestabilidad, falta de oración, lujuria, ira, resentimiento, chismes, dudas, ¡todo ha terminado!

Todas las maldiciones y ataduras que me estorbaban se han acabado.

Gracias porque Jesús fue despreciado y abandonado para que yo pudiera ser aceptado en el Amado.

Siendo yo todavía un pecador, Cristo murió por los impíos. Jesús fue condenado para que yo pudiera ser perdonado.

Jesús murió para que yo tuviera vida y la tuviera en abundancia.

Jesús fue traspasado por mis rebeliones.

Jesús fue molido por mi iniquidad.

Jesús fue castigado para darme paz con Dios.

Jesús fue hecho maldición para que yo pudiera ser bendición.

Permite que la Iglesia de Cristo viva a la altura de la victoria de Cristo, quién murió y resucitó.

Señor, eleva los niveles de creatividad de los deportes y las artes menos conocidos para que puedan mejorar la sociedad; mientras que los que hayan traído impiedad, disminuyan.

Señor, te pido que avives las llamas de los dones creativos que has dado a las personas de mi familia, iglesia y nación. Que estos dones en el sistema escolar sean honrados de una nueva manera, y que se faciliten fondos para ellos.

Reprendo todo refuerzo maligno y disuelvo toda red satánica que se interponga en el camino de mi retribución.

El diablo se marcha por una temporada para reagruparse (Lucas 4:13). Me fortalezco contra cada ataque imprevisto del enemigo con unción a través de la oración, la adoración y la alabanza.

Oro según Isaías 54:15: "Si alguna nación viniera para atacarte, no será porque yo la haya enviado; todo el que te ataque caerá derrotado."

Que se conviertan en nada, las estrategias y las asignaciones organizadas contra mi vida que fueron iniciadas por las huestes demoníacas.

Reprendo toda influencia demoníaca destinada a destruir mi visión, sueño y ministerio.

Oraciones de Rompimiento, Decretos y Confesiones

PARTE II

Se hace pedazos toda trampa demoníaca puesta contra mí.
Ordeno a toda actividad demoníaca que esté operando contra mi llamado que cese su trabajo contra mí.

Señor, levanta intercesores para que estén siempre en la brecha por mí.

Todos los dones y talentos espirituales que estén inmóviles en mi vida comienzan a funcionar para Tu gloria.

Rechazo todo llanto incontrolable, sobrecarga y remordimiento. Ordeno que los espíritus de depresión y de enfermedades mentales sean desviados. En el nombre de Jesús, mi mente y mis emociones están siendo sanadas ahora.

Ordeno a las fuerzas organizadas de las tinieblas que estén operando en contra de mi vida sean sometidas a conmoción y confusión. Que mis enemigos se vuelvan unos contra otros. Decreto que toda araña espiritual (asignaciones de brujería) que esté construyendo redes de problemas en mi vida, morirá inmediatamente.

Ordeno que se rompe todo ciclo de maldad en mi vida. En el nombre de Jesús, me niego a seguir atravesando ciclos inútiles.

Envío confusión sobre cada confederación maligna que esté formulando consejos de maldad en contra de mi vida y mi familia.

Decreto que mi salud no desperdiciará mi dinero.

Me niego a usar durante más tiempo el manto del dolor. ¡Recibo el espíritu de alabanza del Reino!

Envío de regreso todas las flechas malignas del fracaso comercial, retrasos en los contratos y retrasos en los recursos. Me niego a ser derrotado cuando debería salir victorioso.

Ato y anulo a todos los hombres fuertes que estén perturbando mi vida. Desmantelo todo cordón de tres dobleces de maldad que esté operando contra mí.

Decreto que no llegarán refuerzos ni habrá reagrupamiento de ningún hombre fuerte que esté operando contra mí.

Señor, gracias por contestar mis oraciones.

Solo Dios debe ser adorado, y decreto que todos los hombres adorarán al Dios Altísimo. Como las aguas cubren el mar, toda la tierra se llenará del conocimiento de la gloria del Señor.
Pido al Dios de la creación que ponga en mí, habilidades creativas excelentes y me dé ideas creativas, para que en todo lo que yo haga sea extraordinariamente creativo y productivo.

Pido por la clase de entendimiento que solo Dios puede dar, y que nadie puede superar. Señor, te pido que hoy me des nuevos niveles de creatividad y de eficiencia.

Señor, desata los cuatro vientos y el aliento de vida, según Ezequiel 37. Llénanos con tu aliento profético.

Hoy decreto vida sobre todo lo que Dios quiso que estuviera vivo y ha muerto en mi vida, familia, iglesia, comunidad y nación; será restaurada desde los cuatro vientos de la tierra. Que el aliento del Señor se libere en mi familia, iglesia, comunidad y nación de una nueva manera.

Oraciones de Rompimiento, Decretos y Confesiones

PARTE II

Oro para que el cetro de Dios, que significa la autoridad del Rey, sea lanzado en todas las áreas de la sociedad. Que se desate hoy el cetro de la justicia.

Oro para que Jehová Elohim ocupe Su lugar legítimo y soberano en la sociedad y que Su Reino sea liberado en mi familia, iglesia y nación.

Oro para que Jehová Elohim exalte a aquellos que se han humillado bajo Su autoridad y humille a todos los orgullosos, exaltados y arrogantes que haya en mi vida y en mi nación.

Jehová Elohim, empieza a recrear mi vida familiar. Recrea y reordena las economías de mi ciudad y de mi nación, para que mi nación pueda someterse y servirte mejor.

Jehová Elohim, Tú estás sentado sobre el círculo de la tierra. Reduce y elimina a todos los gobernantes de las naciones que estén inspirados por Satanás, incluidos aquellos que han sido atrincherados o plantados. Señor, te pido que sean desarraigados de acuerdo con Isaías 40:21-24.

Señor, te pido que, de la desolación, la guerra, el hambre, la pobreza, la desnutrición, la inestabilidad, las injusticias y las disparidades sociales y raciales, hagas germinar una nueva creación que se convierta en alabanza en la tierra.

Señor, te pido que conviertas a los ministerios orientados al Reino en una alabanza en la tierra.

Señor, crea en mí un corazón limpio, puro, firme y obediente para que mi adoración Te sea aceptable, según el Salmo 51 y Malaquías 3: 2–4.

Oro para que causes que me alimente del pan vivo que desciende del cielo.

Soy bendecido (está en mi ADN) y es mi derecho de nacimiento (autoridad y herencia).

Decreto que los tronos en cada pilar de la sociedad seguirán al trono del Reino de Dios. Decreto que el honor, la justicia y la rectitud marcarán cada trono de la sociedad.

Ningún poder de la luna será utilizado para destruir lo que pertenezca a mi mente, matrimonio, familia, negocios, salud o iglesia. Dios me protegerá de todo mal.

Decreto que la luna marcará estaciones de prosperidad, alabanza, justicia, santidad y el poder de Dios en mi vida.

Decreto que son juzgados todos aquellos que adoran al sol, la luna y las estrellas e instruyen a otros a hacer lo mismo, sean juzgados. Decreto un avivamiento entre astrólogos y adivinos que usan el sol, la luna y las estrellas para propósitos oscuros.

Decreto que los líderes de las naciones abandonarán y rechazarán a todos los consejeros y asistentes que queman incienso al sol, la luna y las constelaciones.

Decreto que la gloria del Señor y del Cordero de Dios será mi luz de noche para mostrarme el camino que debo seguir.

Oraciones de Rompimiento, Decretos y Confesiones

PARTE II

Decreto el fin de la inestabilidad y las turbulencias en mi vida. No seré sacudido de un lado a otro por cada viento de doctrina, ni por las artimañas y astucia de hombres o mujeres que están esperando para engañarme.

Decreto que el día sacará a relucir los aspectos sólidos y estables de mi vida, mi familia, mi comunidad y mi iglesia.

Decreto que soy inmovible, firme y estable, y abundo en la obra del Señor.

Decreto que no caeré, no temeré y no fallaré en la vida.

Señor, Tú eres el Hombre de guerra. Dispersa todos los ejércitos que hayan venido a luchar contra mí.

Señor, de acuerdo con el Salmo 35, pelea con los que contienden contra mí. Declaro que cada día será un día fructífero para mí.

Señor, establece hoy toda la obra de mis manos. Establece en mi territorio ministerios con mentalidad del Reino, y establece los patrones de Tu Reino en cada pilar de la sociedad.

Señor, muéstrame cómo fortalecer cualquier área de inestabilidad en mi vida y en mi iglesia.
Señor, levántate y derrota a todos los faraones modernos de mi nación, junto con sus carros.

Decreto la victoria en todos los ámbitos de mi vida, hoy y todos los días. ¡Por la sangre del Cordero venzo a todo adversario!

NOTAS

ORACIONES DE ROMPIMIENTO, DECRETOS Y CONFESIONES

CONFESIONES

> *A medida que avanzas hacia la victoria, al ver que se responden más tus oraciones, es importante caminar con gozo. A medida que encuentres tiempo para declarar estas Escrituras todos los días, ¡Permite que los pozos de gozo se profundicen dentro de ti, fluyendo como un río impetuoso!*

Pero que se alegren todos los que en ti se refugian; que canten alegres alabanzas por siempre. Cúbrelos con tu protección, para que todos los que aman tu nombre estén llenos de alegría.
Salmo 5:11
Me mostrarás el camino de la vida; me concederás la alegría de tu presencia y el placer de vivir contigo para siempre
Salmo 16:11

Entonces mantendré mi cabeza en alto, por encima de los enemigos que me rodean. En su santuario ofreceré sacrificios con gritos de alegría, y con música cantaré y alabaré al Señor.
Salmo 27:6

Pero dales mucha alegría a los que vinieron a defenderme; que todo el tiempo digan: «¡Grande Es el Señor, quien se deleita en bendecir a su siervo con paz!».
Salmos 35:2

Restaura en mí la alegría de tu salvación y haz que esté dispuesto a obedecerte.
Salmos 51:12

Venner J. Alston

¡Vengan, cantemos al Señor! Aclamemos con alegría a la Roca de nuestra salvación.
Salmos 95:1

El Señor es mi fortaleza y mi escudo; confío en él con todo mi corazón. Me da su ayuda y mi corazón se llena de alegría; prorrumpo en canciones de acción de gracias.
Salmo 28:7

Clamé al Señor, quien es digno de alabanza, y me salvó de mis enemigos.
Salmo 18:3

¡Aclamen con alegría al Señor, habitantes de toda la tierra! Adoren al Señor con gozo. Vengan ante él cantando con alegría. ¡Reconozcan que el Señor es Dios! Él nos hizo, y le pertenecemos; somos su pueblo, ovejas de su prado. Entren por sus puertas con acción de gracias; vayan a sus atrios con alabanza. Denle gracias y alaben su nombre. Pues el Señor es bueno. Su amor inagotable permanece para siempre, y su fidelidad continúa de generación en generación.
Salmo 100

Entonces la forma en que vivan siempre honrará y agradará al Señor, y sus vidas producirán toda clase de buenos frutos. Mientras tanto, irán creciendo a medida que aprendan a conocer a Dios más y más. También pedimos que se fortalezcan con todo el glorioso poder de Dios para que tengan toda la constancia y la paciencia que necesitan. Mi deseo es que estén llenos de alegría y den siempre gracias al Padre. Él los hizo aptos para que participen de la herencia que pertenece a su pueblo, el cual vive en la luz.
Colosenses 1:10–12

Y ahora, que toda la gloria sea para Dios, quien es poderoso para evitar que caigan, y para llevarlos sin mancha y con gran alegría a su gloriosa presencia...
Judas 1:24

Oraciones de Rompimiento, Decretos y Confesiones

¡Alabado sea el Señor! Que todo lo que soy alabe al Señor. Alabaré al Señor mientras viva; cantaré alabanzas a mi Dios con el último aliento. No pongan su confianza en los poderosos; no está allí la ayuda para ustedes. Ellos, al dar su último suspiro, vuelven al polvo, y todos sus planes mueren con ellos. Pero felices son los que tienen como ayudador al Dios de Israel, los que han puesto su esperanza en el Señor su Dios. Él hizo el cielo y la tierra, el mar y todo lo que hay en ellos. Él cumple todas sus promesas para siempre. Hace justicia al oprimido y da alimento al que tiene hambre. El Señor libera a los prisioneros. El Señor abre los ojos de los ciegos. El Señor levanta a los agobiados. El Señor ama a los justos. El Señor protege a los extranjeros que viven entre nosotros. Cuida de los huérfanos y las viudas, pero frustra los planes de los perversos. El Señor reinará por siempre. Él será tu Dios, oh, Jerusalén, por todas las generaciones.

Salmo 146

Información Para Contratar a La Dra. Alston

Página web:
www.drvjalston.org

Correo electrónico:
info@drvjalston.org

Recursos

- Libro en inglés de la autora: *"Next-Level Spiritual Warfare: Advanced Strategies for Defeating the Enemy"*

Adiestramientos Regionales Disponibles

- Escuela de Oración y Guerra Espiritual
- Escuela de Profetas
- Escuela de Liderazgo Global

Acerca De La Autora

El Reino de Dios es el latido de su corazón, y su pasión es capacitar líderes cristianos para una eficacia máxima. La Dra. Venner Alston, es la respuesta divina a tu hambre de experimentar un mayor grado de excelencia en la vida y en el ministerio. A los desafíos que enfrentan los líderes y sus equipos, ella aporta su experiencia en las áreas de Coaching Ejecutivo y en Equipo, junto con la Administración y la Educación de la Iglesia para diseñar enfoques prácticos y efectivos que los llevarán al nivel de éxito que toda organización visionaria anhela. Ella es una oradora prolífica, poderosa, maestra y "life coach". La Dra. Alston ofrece estrategias radicales y métodos de vanguardia para los muchos dilemas que mantienen a los líderes y sus equipos, atrapados en paradigmas ineficaces.

Con una experiencia global de más de 25 años en el desarrollo y fortalecimiento de líderes y equipos, con sus títulos de maestría y posgrado en Educación, Teología y un Doctorado en Educación Urbana, la Dra. Alston está dedicada al crecimiento del liderazgo y efectividad de equipos. Ella es la respuesta relevante que has estado buscando para llevar a tu organización a la productividad de tus sueños. Ella motiva a los líderes y sus equipos a través de entrenamientos, asesorías, retiros para líderes y ejecutivos o de liderazgo, conferencias, talleres o sesiones individuales de asesoría ejecutiva.

La Dra. Venner Alston está disponible para proporcionar estrategias radicales y enfoques de desarrollo y avance que inspiran y empoderan a los líderes y equipos del Reino a producir resultados duraderos. Esperamos que, en un futuro próximo, te podamos ayudar a satisfacer tus necesidades de crecimiento y transformación.

www.ingramcontent.com/pod-product-compliance
Lightning Source LLC
LaVergne TN
LVHW070359200825
819032LV00020B/353